D1727850

Heilung unserer Herzen

Mit himmlischer Anbindung
& irdischer Verankerung

edition winterwork

Bibliografische Informationen der Deutschen Nationalbibliothek: Die Deutsche Nationalbibliothek verzeichnet diese Publikation in der Deutschen Nationalbibliografie – detaillierte bibliografische Daten über http://www.d-nb.de im Internet abrufbar.

Impressum

Susanne Flick »Heilung unserer Herzen«

© 2011 edition winterwork
www.winterwork.de

Alle Rechte vorbehalten
Lektorat: Anna Bahlinger-Çetin
Covergestaltung, Grafikdesign, Satz: Carsten Mani Berger
Druck und Bindung: winterwork Borsdorf

ISBN 978-3-942693-56-1

Susanne Flick

Heilung unserer Herzen

Mit himmlischer Anbindung
& irdischer Verankerung

edition winterwork

Inhalt

Dank an meine Wegbereiter

Ich verneige mich demütig vor meinen Förderern und sage:

Danke,
an alle großartigen Helfer, die mich auf meinem persönlichen Heilweg begleitet haben und hier nicht namentlich genannt werden möchten, was ich sehr gern respektiere.
Ich empfinde nach wie vor tiefe Dankbarkeit und fühle mich mit euch allen sehr verbunden.

Danke an Maria Lorenz
Du hast mich mit meiner Anbindung bereichert, mir mein Zuhause offenbart. Ein unvergessenes Erlebnis. Dankeschön!

Danke an Gabriele Kriesten
Ich danke dir von ganzen Herzen für die jahrelange liebevolle Zusammenarbeit. Ohne dich würde es mich heute so nicht geben, nicht in diesem Bewusstsein. Dankeschön!

Danke an Carsten Mani Berger
Danke für deine Hilfe und Unterstützung bei der Verwirklichung meiner Ideen. Ich danke dir für deine Geduld und dein unermütliches Wirken, ohne die es dieses Buch nicht geben würde!

Danke an Anna Bahlinger-Çetin
Durch dich ist dieses Buch in seinem Glanz erstrahlt. Vielen herzlichen Dank.

Danke an Madeleine
Du hast mir die schwierigsten Prüfungen abverlangt, und dafür liebe ich dich von ganzem Herzen.

Danke an Tobias
Du hast mich begleitet auf meinem Weg und mich gestärkt, durch dein unendliches Vertrauen in mich. Ich liebe dich.

Danke an Victoria
Du hast uns alle »erlöst«, auf deine Art und Weise, mein lieber kleiner Engel. Du wirst immer in unseren Herzen sein.

Danke an Oliver
Danke, dass es dich gibt. Du hast mein Herz geöffnet für die wahrhaftige Liebe, die jede Entfernung überbrückt. Du hast mich das Vergeben gelehrt. Ich hab' dich sehr lieb.

Fühlt euch alle ganz herzlich von mir umarmt!

In Liebe und Dankbarkeit
eure Susanne Flick

eure Muddi

deine Oma

Persönliche Worte

Ich heiße Susanne Flick, bin 1963 in der Nähe von Berlin geboren und im Land Brandenburg aufgewachsen.

Heute diene ich meiner Bestimmung, den Menschen zu helfen, sich ihrer eigenen Kräfte bewusst zu werden. Ich begleite sie in ihrer Situation und führe sie wieder auf ihren Weg.

Dazu bin ich im Jahre 2009 direkt nach Berlin geführt worden. Hier gebe ich telefonische Lebensberatungen, Seminare und führe zu vielen Themen der geistigen Welt wundervolle praktische Trainings durch.

Ich sehe mich als einen Wanderer zwischen den Welten. Mir ist die geistige Welt ebenso bekannt, wie die irdische. Meine Lebensphilosophie beruht auf der Tatsache der Relativitätstheorie von Albert Einstein, wie ich sie verstanden habe. Ich erlebe es täglich in meiner Arbeit, dass ich zu ein und derselben Zeit an verschiedenen Orten sein kann und in verschiedenen Universen.

Das mag abenteuerlich klingen und ist es auch. Manchmal fühlt es sich an, als wenn ich von einem anderen Ort auf diese Welt schauen kann. Ich nehme in der geistigen Welt wahr, wie es funktioniert, und schaue mir dann die irdischen Gegebenheiten an. Dann kann ich sehen, was in dieser Realität noch nicht stimmt, und führe die Menschen in die Veränderung.

Alles, was ich hier geschrieben habe, entspricht meiner Wahrheit, meinem Vorstellungsvermögen.

Das bedeutet nicht, dass es auch deine Wahrheit sein muss. Braucht es auch gar nicht! Ich möchte, dass du dir einfach mal etwas anderes vorstellst und dein Herz öffnest für neue Möglichkeiten!

Stell dir vor, wir erleben beide zusammen ein Abenteuer. Du solltest also schon ein wenig abenteuerlustig sein. Ich kann für nichts garantieren und dennoch vieles ermöglichen.

Stell dir vor, wir besprechen verschiedene Themen miteinander und integrieren, was dir noch fehlt. Das wird pure Heilung für dein Herz. Lass uns voranschreiten mit Freude und Mut.

Meine geistigen Helfer haben sehr darauf geachtet, dass es abwechslungsreich wird, also mal theoretisch, mal praktisch. Es kann auch sein, dass du mal keine Lust hast, weiter zu gehen, dann lass es einfach sein. Du kannst jedes Thema einzeln integrieren, zu jedem Zeitpunkt, in dein Sein.

Das Buch, das du in deinen Händen hältst, ist kein Roman, den du hintereinander lesen wirst. Es ist eher ein Werk, das dich führen wird in deinem Selbstheilungsprozess.

Stell dir vor, wir sitzen zusammen in einem Raum. Du wirst recht bald die Energie der Gruppe spüren. Alle sind gekommen, um ihr Herz zu heilen, um Heil und Segen zu erfahren.

Nach wenigen Seiten hast du vielleicht sogar meine Stimme im

Ohr, und so bist du live dabei.

Ich bin ein Sprachrohr des Lebens. Ich tauche ein in ein Thema und lasse dich hinter die Kulissen schauen, damit du die Zusammenhänge leichter erkennst.

Was immer auch geschieht in deinen Vorstellungen, lass es einfach zu. Gib dich dem Leben hin und schau, was sich verändert in deiner Einstellung zum Leben, in deinem Gefühl zu dir selbst, zu den anderen und zu bestimmten Situationen.

Ich wünsche uns beiden jedenfalls viel Freude, gutes Gelingen und eine wundervolle Zusammenarbeit.

Wenn du mehr über mich persönlich erfahren möchtest, kannst du gern unter www.esoterik-berlin.eu schauen.

Herzlichst
Susanne Flick

Das Erwachen

Entscheide dich für das Licht

Wir Menschen haben einen freien Willen und können jederzeit selbst entscheiden, ob wir Licht oder Schatten in unser Leben und in das Leben der anderen bringen.

Ein Sprichwort sagt: *Das größte Licht wirft den größten Schatten voraus!*

Licht und Schatten sind beides einfach nur Bewusstseinszustände in unserem irdischen Leben. Wir beginnen unser Leben alle im Unbewussten, jeder von uns. Wir alle gehen durch den Schatten in das Licht. Es ist nur eine Frage des Bewusstseins, wann wir wieder im Licht ankommen.

Ursprünglich kommen wir alle aus dem Licht, und wir werden alle dorthin wieder zurückgehen. Das Licht ist unser göttlicher Ursprung, unser wahres Sein. Wenn wir im Licht leben, hier auf Erden, sind wir wahrhaftig, authentisch. Dann bist du derjenige, der du wirklich bist, der du immer warst und immer sein wirst. Du wirst dich für niemanden mehr verstellen. Du stehst zu dir selbst und bleibst dir selber treu.
Du selbst bestimmst, wie die Menschen mit dir umgehen dürfen. Wenn dir etwas nicht gefällt, wirst du es jetzt sagen!

Du bist kraftvoll in deiner Energie, ehrlich und vor allem bist du dir deines Selbstwertes bewusst. Alles, was du im Bewusstsein deiner Seele an Entscheidungen triffst, geht immer ins Gelingen. Du allein lädst dir ein in dein Leben, was du wünschst zu erfahren, und wirst es dir selbst dadurch erschaffen. Wähle stets das Schönste, das Beste, was du dir vorstellen kannst. Sei es dir wert!

Solange wir das Gefühl haben, wir müssen uns beweisen, wir müssen irgend jemandem etwas beweisen, solange leben wir im Unbewusstsein.

Wir sind uns nicht im Klaren darüber, dass wir genauso viel wert sind, ob wir nun der Beste, der Schnellste oder jemand anderes sind. Dann beginnen wir an uns zu zweifeln, schämen uns und denken, wir haben es nicht besser verdient. Das ist ein Leben im Schatten. Dort wird es immer jemanden geben, der uns einredet, dass wir dieses oder jenes nicht gut genug gemacht haben. Und irgendwann ist dieser Gedanke so sehr in uns verankert, dass wir uns das alleine einreden, wenn gerade niemand da ist, der es tun kann.

Es gehört schon etwas Mut dazu, einen anderen Weg zu gehen, es anders zu machen. Jeder Mensch hat die Kraft für sich selbst zu klären, was er für ein Mensch sein möchte. Möchte ich die Menschen manipulieren, oder möchte ich ihnen Liebe schenken?
Nur: Dazu gibt es keinen Schalter, den du einfach umstellen kannst. Es ist ein Prozess, ein Lebensabschnitt!
Immer öfter wirst du bewusst wahrnehmen, wie andere auf dich reagieren. Du versuchst dich nicht mehr herauszureden, du stehst zu deinen Fehlern und übernimmst die Verantwortung dafür.

So wirst du immer freier in deinen Entscheidungen, immer offener in deinem Verständnis für die anderen. Du kannst Fehler einfacher verzeihen, auch dir selbst. Du erkennst, dass niemand vollkommen ist und es auch nicht zu sein braucht.

Perfektionismus hat die Menschen von sich selbst entfernt. Niemand hat sich mehr getraut, ehrlich zu zeigen, wo seine Schwächen liegen. Wir haben begonnen, eine Rolle zu spielen. Wir waren gar nicht mehr wir selbst, sei es in der Familie, bei der Arbeit oder im Sportverein.

Was hindert uns daran, den Perfektionismus aufzugeben? Die Erwartungen, die andere Menschen oder wir selbst an uns stellen? Wozu brauchen wir Menschenkinder Erwartungen? Was sind Erwartungen? Wo kommen sie her?
Kann es vielleicht sein, dass sie ein Werkzeug unseres menschlichen Egos sind?

Haben die Entscheidungen, die dem Wohle unseres Egos dienten, uns nicht erst in dieses Chaos geführt? Was passiert denn, wenn ich dem Ego nicht mehr diese Aufmerksamkeit schenke?

Es kehrt Ruhe ein in deinem System!

Das Ego wurde geschaffen als Diener deiner Seele, nicht mehr und nicht weniger.
Dient es wirklich noch deiner Seele, oder hat es sich mit den Jahren schon verselbständigt?

Weißt du überhaupt noch, was es für deine Seele tun kann?

Wie geht es deiner Seele gerade in diesem Moment?

Du weißt es nicht?

Du hast den Kontakt zu deiner Seele verloren?

Du bist so mit Arbeiten beschäftigt, das du gar keine Zeit mehr hast, dich mit deiner Seele zu verständigen?

Dir hat noch nie jemand gezeigt, wie es geht?

Dann lass es uns jetzt tun! Ich begleite dich.

Atme mal tief durch, atme zu deinen Füßen herunter, lass alles über deine Füße abfließen, hinein in Mutter Erde. Gib ihr alles, was dir zu viel geworden ist, was dich belastet, und bitte sie um Transformation deiner Lebensenergie.

Alles, was noch nicht Licht und Liebe ist, möchte sie bitte für dich transformieren. Schicke ihr beim Ausatmen all deine Schwierigkeiten über das linke Bein hinunter und nimm beim Einatmen über das rechte Bein das Licht und die Liebe von Mutter Erde in dir auf.

Sie wird dich mit allem versorgen, was du brauchst, um deinen Weg zu gehen. Lerne ihr zu vertrauen. Sie trägt dich jeden Tag, sie ist so geduldig mit uns Menschenkindern. Du kannst so viele Fehler machen, du darfst trotzdem am nächsten Tag wieder auf ihr gehen.

Du darfst ihr natürlich auch etwas Gutes tun, mal die Pflanzen gießen, die sie uns schenkt, vielleicht auch mal ein Danke formulieren in Form eines Gebetes.

Lies doch die beiden nächsten Sätze einfach mal laut für dich allein und achte darauf, was sie bewirken in dir, ganz in Ruhe.

Danke, liebe Mutter Erde, dass du mich trägst und nährst, für mich und meine Familie sorgst, danke für die Geborgenheit, die du uns schenkst. Danke für die Geduld, die du uns entgegenbringst, danke für deine Güte und Barmherzigkeit. Danke!

Merkst du, wie du dich beruhigt hast, wie der Frieden einkehrt in deinem Sein? Alle Hektik ist verflogen, du kannst leichter atmen, du trägst ein Lächeln auf deinen Lippen. Du bist gerade ganz bei dir. Du hast gerade selber Kontakt zu deiner Seele aufgenommen, du fühlst dich gerade selbst, so, wie du wirklich bist!

Jetzt atme drei oder vier Mal tief in dein Herz hinein, stell dir vor, mit jedem Atemzug kannst du die Sonne in deinem Herzen heller erstrahlen lassen. Sie bringt dir dein Licht zurück, sie wärmt dich und sie schenkt dir deine Glückseligkeit. Das ist dein Gott in dir, dein göttliches Sein. Jetzt bist du angefüllt mit Licht und Liebe.

Lass dein Licht erstrahlen, überall, wo du jetzt hingehst. Schenke den Menschen deine Liebe, die du in dir trägst, und vor allem sei dir deiner Liebe selbst bewusst. Schenke dir selbst von deiner Liebe, geh liebevoll mit dir selbst um! Liebe deinen Körper, liebe dein Wesen, liebe dein Sein, liebe dich so, wie du bist. Dann können dich auch alle anderen lieben, so, wie du bist.

Solange wir die Liebe im Außen suchen, bei anderen Menschen, werden wir sie nicht finden. Wir tragen nämlich alles schon in uns, was wir brauchen für ein glückliches Leben hier auf Erden! Wir können uns nur selbst glücklich machen, niemand sonst kann das.

Wenn wir erwarten, dass uns jemand anderes glücklich macht, werden wir enttäuscht. Es geht gar nicht anders. Das ist der sicherste Weg in die Abhängigkeit. Wir machen unser Glück von einer anderen Person abhängig. Wir haben Erwartungen an jemanden! Gebt sie auf, bitte! Gebt auch die Erwartungen an euch selbst auf. Erspart euch diesen Druck! Macht einfach das, was eurer Wahrhaftigkeit entspricht, und genießt den Augenblick.

Lernt im Hier und Jetzt zu leben. Ihr habt jeden Tag, jede Stunde, jede Minute, jede Sekunde die Möglichkeit, es anders zu machen als vorher. Ihr habt jedoch keine Möglichkeit mehr, etwas zu verändern, was in der Vergangenheit schon geschehen ist. Lasst sie ruhen! Sie ist ein Teil von euch, sie ist ja da, fest integriert.
Die Zukunft kennen wir noch nicht. Wir haben nur die Möglichkeit, das Beste aus dem zu machen, was gerade ist.

Wir selbst entscheiden, ob wir den Weg des Leidens gehen oder den Weg des Glücks. Für beide Wege wird die gleiche Energie benötigt, der gleiche Aufwand, nur das Ergebnis ist ein völlig anderes.

Ich wünsche euch eine gute Entscheidung, zu jeder Zeit.

Entscheidet euch ganz bewusst, welchen Weg ihr wählt, und dann geht ihn auch bitte.

Dafür sende ich dir mein Licht auf deinen Weg, dass du jederzeit gut sehen kannst, worauf du dich einlässt, und dich gut zurecht findest.

Habe Mut und schreite voran, im Bewusstsein deiner Seele! Meinen Segen hast du, jetzt gib deinen dazu und dann lege los!

Ein Leben in Liebe und Dankbarkeit

In Liebe zu leben bedeutet, in allem die Liebe zu erkennen, alles anzunehmen, was in dein Leben kommt, nichts mehr zu bewerten oder abzulehnen, weder Menschen noch Situationen.

Alles, was in dein Leben kommt, ist wichtig und richtig für deinen seelischen Wachstumsprozess. Es geht um das freudvolle Erfahren aller Lebenssituationen. Ist auch mal etwas schwieriger, packe es an und wachse daran. Dann gehst du einfach weiter, ohne viele Worte des Leidens zu formulieren. Sei es dir wert, glücklich und gestärkt aus einer schwierigen Situation hervorzugehen.

Viele lichtvolle Wegbegleiter befinden sich momentan auf der Erde. Sie sind die spirituellen Lehrer der Menschheit im Neuen Zeitalter. Sie lehren uns, wie Liebe auf dieser neuen Bewusstseinsebene gelebt wird. Diese Seelen sind so voller Liebe und Güte, dass es ihnen selbst manchmal gar nicht bewusst ist, wie wertvoll sie sind für uns alle.

Oftmals war gerade ihr Weg besonders leidvoll, weil andere Seelen sie sehr schnell erkannt haben und sie für sich vereinnahmten. So wurden sie ausgenutzt, manipuliert, und die Liebe, die sie erhielten, wurde oft an Bedingungen geknüpft. Ihnen wurde auch gern ein schlechtes Gewissen eingeredet. Sie opferten sich auf und dachten doch wirklich, dass sie Gutes damit tun. Dabei nutzte dieses Verhalten niemanden wirklich. Sie selbst überstiegen oft ihre Leidensfähigkeit und wurden krank.

Den anderen und sich selbst versagten sie in Wirklichkeit ihre persönliche Wachstumsmöglichkeit.

Jetzt fragst du dich bestimmt, warum haben denn gerade diese Lichtarbeiter das mit sich machen lassen? Das kann ich dir sagen, weil es genau ihr Weg war, und das gilt es anzuerkennen! Sie erlebten alles zuerst selbst, was sie später bei anderen heilen werden! Wenn es nichts zu vergeben und zu verzeihen gäbe, wie sollten sie es dann selbst erlernen? Selbsterfahrung ist der wichtigste Schritt auf dem Weg der Bewusstwerdung.

Indem wir Lichtarbeiter unser Wissen um die Dinge selbst erfahren, erwachen wir immer mehr. Dadurch verändern wir uns. Das Leben ist Veränderung, in jedem Moment. In Liebe zu leben bedeutet, offen zu sein für Veränderungen. Solange wir Angst haben, leben wir nicht in Liebe. Eines von beiden ist nur möglich. In jeder Körperzelle, in der sich die Angst ausgebreitet hat, ist kein Platz für die Liebe!

Nimm dir jetzt einen Moment Zeit und werde dir bewusst, wie viel Potential an Liebe du in dir trägst. Lass jeden Gedanken los, der dir Angst macht, habe Vertrauen. Vertrauen zu dir selbst, dass du das schaffen wirst, Vertrauen in das Leben, dass du mit allem versorgt wirst, was du brauchst, und Vertrauen in das Universum, dass dir geholfen wird, wenn du darum bittest.

Bitten heißt nicht betteln. Solange wir Menschenkinder um Hilfe flehen, wissen die Lichtwesen der geistigen Welt noch lange nicht, was sie für uns tun können. In dem Moment, indem wir klar und deutlich formulieren, was sie uns bitte zur Verfügung stellen möchten, werden wir Hilfe bekommen.

Hört bitte auch auf, nach dem »Warum« zu fragen! Alles hat seinen Sinn, auch wenn wir ihn nicht gleich erkennen. Es kann nichts geschehen, was nicht sein soll. Jeder Mensch hat seinen Seelenplan. Darin ist genau festgehalten, was sich diese Seele an Erfahrungen wünscht in diesem Leben, wann es beginnt und auch wann es zu Ende geht.

Jedes Ende beinhaltet gleichzeitig einen neuen Anfang. Das zu erkennen, hat etwas mit Dankbarkeit zu tun. Seid dankbar für die Zeit, die ihr gemeinsam hattet, und trennt euch in Liebe. Das Ende einer Beziehung bietet gleichzeitig die Möglichkeit für einen neuen Lebensabschnitt, etwas anderes zu wählen, egal ob in der irdischen oder geistigen Welt.

Das Ende an einem Arbeitsplatz bietet immer auch die Möglichkeit, einen neuen zu wählen, der noch besser zu dir passt, der dir noch mehr Spaß macht. Was es jetzt zu tun gibt, ist einzig und allein zu klären, was du willst! Werde dir klar darüber: WAS WILLST DU?

Kläre für dich, welcher Job dir am meisten Spaß macht, welche Arbeit du am liebsten machen möchtest. In welcher Region möchtest du arbeiten? Gibt es diesen Job in deiner Region? Nein? Dann mach dich schlau, in welcher Region es ihn gibt! Geh dorthin! Wovor hast du Angst?

Warum willst du dich nicht verändern?

Du bist nicht mehr glücklich in deiner Beziehung? Warum

gehst du nicht? Wovor hast du Angst? Hast du Angst vor dem Alleinsein? Denkst du, so ein Partner ist immer noch besser als gar keiner? Überlege dir genau, wie du leben möchtest! Werde dir klar darüber, was du genau willst! Dann sage offen und ehrlich, was du denkst, und vor allem tue, was du sagst. Steh zu dir, zu deinen Vorstellungen vom Leben und verwirkliche sie!

So werden wir in die Verantwortung geführt.

In erster Linie ist jeder für sich selbst verantwortlich. Inwieweit das jeder umsetzt, ist keine Frage der Intelligenz. Das ist eine Frage des Bewusstseinszustandes. Bin ich eine Seele, die gern im Unbewussten bleibt, werde ich andere für mich sorgen lassen, stelle mich einfach hilflos, sage, ich kann das nicht!
Lebe ich im Bewusstsein meiner Seele, schaue ich nach rechts und links und werde feststellen, andere können das, und ich kann das auch. Dann werde ich das Nötige dafür tun. Es geht wirklich um das TUN! Das, was ich tue, und das, was ich nicht tue, habe ich letztendlich nur vor mir selbst zu verantworten. Das wirst du in erster Linie mit dir selbst ausmachen dürfen. So wirst du zum Schöpfer deines eigenen Lebens.

Von dir allein hängt es ab, welches Leben du lebst. Du wirst genau das Leben leben, welches du dir in deinen Gedanken erschaffst.

Beginne Verantwortung für deine Gedanken zu übernehmen! Das, was du dir vorstellen kannst, das wird sein. Das, was du in deinen Gedanken denkst, das holst du in dein Leben. Es wirkt wie eine Einladung! Achte bewusst darauf, welche Energie du einlädst in dein Leben!

Achte auch auf deine Worte. Jedes Wort, welches du wählst, kommt irgendwann zu dir zurück. So, wie du über jemanden anderen sprichst, so spricht dann auch jemand über dich!

Ich wünsche dir für jeden Tag das Bewusstsein, dass du dir ein liebevolles Leben erschaffen wirst!
Geh achtsam mit deinen Gedanken, deinen Worten und deinen Taten um, schreite beständig voran.

Ich wünsche dir viel Freude dabei und vor allem gutes Gelingen, zu deinem persönlichen Wohl und zum Wohle aller!

Im Alltag inneren Frieden finden

Kennen wir nicht alle jene Situationen, in denen uns die Geschehnisse überrollen oder über den Kopf wachsen?

Das ist ein Beispiel dafür, was den Unterschied ausmacht zwischen Unbewusstheit und Bewusstheit!

Im unbewussten Zustand fragen wir immer nach dem »Warum«. *Warum* passiert mir das? *Warum* ausgerechnet jetzt? *Warum* überhaupt?

Die Frage nach dem »Warum« ist der sicherste Weg in die Schuldgefühle. Irgendjemand muss ja Schuld haben, irgendjemand muss dafür verantwortlich gemacht werden.

Eine Seele, die es noch nicht gelernt hat, Verantwortung für sich selbst zu übernehmen, wird jemand anderen beschuldigen. Was auch immer geschieht, diese Seele wird jemanden finden, dem sie die Schuld »in die Schuhe schieben« kann. Ohne Mitgefühl und Skrupel wird diese Seele jemand anderen beschuldigen. Hauptsache, sie selbst muss die Schuld nicht tragen.

Eine Seele, die es gewohnt ist, sehr viel Verantwortung zu tragen, auch für andere, wird sich immer einreden, selbst schuld zu sein. Sie sucht die Schuld zuallererst bei sich. Diese Seele denkt, ich bin ja selbst schuld, ich hab es ja nicht anders verdient. Diese Seele hat kein Selbstwertgefühl.

Im Bewusstsein deiner Seele erkennst du, dass es hier gar nicht um Schuld geht. Es gibt nämlich gar keine Schuld! Alles, was geschieht, hat immer einen tieferen Sinn.

Alle, die daran beteiligt waren, haben diese Erfahrung gebraucht, um sich aus einer Abhängigkeit zu befreien.

Wir Menschenkinder bieten uns einfach gegenseitig die Übungsplätze, um bestimmte Erfahrungen machen zu können. Und es geht bei allen Beteiligten um das gleiche Thema:
Selbstliebe und Selbstwertgefühl.

Deshalb gibt es keinen Sieger und keinen Verlierer. Beide oder sogar mehrere Personen haben durch diesen Schaden gelernt, mehr Verantwortung zu übernehmen für ihre Gedanken, ihre Worte oder ihre Taten.

Deshalb sollte die Frage, die es zu stellen gilt, lauten:
Was will ich? Was wollte ich lernen? *Was* wollte ich erfahren?
Was ist der tiefere Sinn dieses Vorkommnisses?
Die Frage »Was?« bringt immer die Lösung ans Tageslicht und uns ein Stück weiter. Wenn ich mir nämlich selbst auf die Schliche komme und erkenne, was ich erfahren wollte, habe ich die beste Gelegenheit, es das nächste Mal anders zu machen.

Dabei geht es nicht um ein »Besser«-Machen, sondern einfach nur um einen anderen Weg.

Wenn ich mir darüber klar werde, *was* ich will, werde ich auch einen anderen Weg finden, es zu tun. Das »Was« ist eine Motivation. Durch die Frage »Was will ich?« mache ich mir bewusst, welches Ziel mein Handeln anstrebt. Dann ist es im Grunde genommen nur noch eine Frage der Zeit, wann ich es erreiche, wann ich den Weg wähle, der mich ans Ziel führt.

Es gibt für jedes Spiel unserer Kinder bestimmte Spielregeln. Ist das Leben nicht auch ein Spiel, ein abenteuerliches Spiel? Gelten dort nicht auch bestimmte Spielregeln? Haben wir nicht auch öfter das Gefühl, zurückgehen zu dürfen auf Start? Was ist dabei?

Wir sind einfach noch nicht ans Ziel gekommen, nicht auf diesem Weg. Dann versuchen wir es eben noch mal und noch mal, immer wieder anders, bis es uns gelingt! Davon geht doch die Welt nicht unter!

Die geistige Welt ist so geduldig mit uns, geduldiger, als sich eine menschliche Seele vorstellen kann. In der geistigen Welt gibt es keine Zeit. Wenn wir eine Lektion in diesem Leben nicht schaffen, machen wir im nächsten Leben weiter. Dem Universum ist das völlig egal. Jeder geht in seinem Tempo seinen Weg. Alles geschieht zu seinem Wohl und zum Wohle aller, immer genau im richtigen Moment.

Langsam ist es an der Zeit, dass wir darauf vertrauen. Dann brauchen wir auch selber nicht mehr so hart mit uns »ins Gericht« zu gehen. Dann wird das Vergeben leichter und wir sind eher bereit, uns in Bewegung zu setzen, selber etwas zu tun. In diesem Bewusstsein erkennen wir unsere Möglichkeiten leichter, handeln freier. Wir können nichts verkehrt machen, weil alles möglich ist. Wir spüren keine Erwartungen, weil wir uns einlassen auf dieses Leben und uns freuen können auf jedes Abenteuer.

Der Alltag bietet viele wunderbare Möglichkeiten. Das, was wir gestern gelernt haben, können wir heute in die Tat umsetzen. Das, was gestern schief ging, können wir heute anders machen. Traut euch, ich weiß, dass wir das alle schaffen können, wenn wir mit Freude, mit Begeisterung und mit Hingabe die Dinge anpacken.

Bestimmt selbst euren Weg! Seid es euch selbst wert, eine positive Erfahrung zu machen, wieder und immer wieder, euch selbst zuliebe. Ihr werdet sehen, wie sich euer Leben verändert, zum Guten hin, wie es jeden Tag mehr Spaß machen wird.

Hört auf, die Liebe im Außen zu suchen, die Energie des Mangels immer wieder zu aktivieren. Beginnt euch selbst zu lieben, so wie ihr seid, mit all euren Stärken und Schwächen. Versprecht euch selber, in Zukunft liebevoll mit euch umzugehen. Beginnt euch selbst eure fehlgeschlagenen Versuche zu vergeben und versucht es von Neuem. Löst eure Fesseln, öffnet eure Herzen, entlasst alles nicht Gelungene in Liebe und tiefer Dankbarkeit. Seid bereit für einen Neubeginn, zu jeder Zeit!

Jeder, der mit dabei ist, der selbst mehr auf sich achtet, der wahrhaftig und transparent wird, kann eine Menge für uns alle bewirken. Die Energie, die wir in uns tragen, die wir aussenden in das Leben, rund um den Globus, wird für jeden Menschen etwas bewirken. Und das Schönste daran ist, dass sie irgendwann zu uns zurückkommt, genauso liebevoll, wie wir sie ausgesendet haben. Dabei ist es egal, ob es Gedanken waren, Worte oder Taten. Alles kommt zu uns zurück. Lasst uns also in Zukunft bewusster umgehen mit allem, was uns umgibt.

Sende einfach das aus, was du dir am meisten wünscht. Lächle das Glück der anderen an und freue dich, dass es sich dir schon offenbart. Sei bereit es zu empfangen!

Spürst du die Kraft, die in dir gewachsen ist, indem du diese Worte aufgenommen hast. Du bist gerade dabei, dich selbst neu erschaffen! Du selbst hast gerade ein neues Bewusstsein in dich integriert.
Du hast dich neu definiert. Du hast dir neu überlegt, wer du sein möchtest. Du bist dir in diesem Moment darüber klar geworden, was du willst, was du für ein Mensch sein willst, in welchem Bewusstsein du in Zukunft leben willst.

Das fühlt sich richtig gut an, stimmt's?

Ich wünsche dir viel Freude und gutes Gelingen bei all deinen Vorhaben und freue mich, dich heute hier und jetzt im Kreise der bewussten Seelen aufnehmen zu dürfen. Du befindest dich in bester Gesellschaft, versprochen!

Der Weg der Selbstbestimmung

Die Kraft der Selbstliebe

Spüre die Liebe in deinem Herzen, die Liebe zu allem, was ist. Die Kraft der Liebe ist ein unerschöpfliches Potenzial an Leben. Je mehr Liebe du empfinden kannst, desto mehr Kraft steht deiner Lebensenergie zur Verfügung.

Wir neigen gern dazu, andere mehr zu lieben als uns selbst. Wir kümmern uns lieber um andere als um uns selbst. Wir opfern uns gern auf, weil wir denken, dann eine Daseinsberechtigung zu haben. Wir selbst haben oft nicht die Liebe erfahren, die wir uns wünschten, weil wir sie im Außen gesucht haben. Wir haben immer mehr gegeben, als wir zurück bekommen haben.

Höre bitte auf damit! Werde dir darüber bewusst, dass du dich verbiegen kannst, wie du willst, du wirst nie allen Menschen etwas recht machen können, weder in der Familie noch im Beruf. Lass diesen Zwang einfach los! Werde dir bewusst darüber, dass du für andere tun kannst, was du willst. Wenn sie es nicht auch wollen, werden deine Bemühungen keine Früchte tragen. Du kannst niemanden verändern, lass diesen Herzenswunsch einfach los!

Alles, was du für die anderen tun kannst, ist, dich um dich selbst zu kümmern. Wenn du es ihnen vorlebst, werden sie wahrnehmen, welche Früchte deine Liebe tragen kann. Wenn wir achtsam mit uns selbst umgehen, gehen wir auch achtsam mit den anderen um.

In erster Linie ist jeder für sich selbst verantwortlich. Höre auf, dich für irgendjemanden anderen verantwortlich zu fühlen, dir selbst zuliebe. Wenn du es schaffst, dich mehr zu lieben als du je einen anderen geliebt hast, dann bist du frei und unabhängig. Dann lebst du selbstbestimmt und hast dein Leben selbst in der Hand, kannst es nach deinen Wertvorstellungen gestalten.

Das, was zählt, das, was den Unterschied ausmacht, das sind deine Werte! Alles, was du im vollen Bewusstsein deiner Seele anpackst, hat nichts mit Egoismus zu tun.
Jemand , der seinem menschlichen Ego folgt, wird zum Einzelgänger, schließt sich selber aus.
Sich mit seinem göttlichen Ego zu verbinden heißt, sich seiner Bestimmung bewusst zu werden. So wird das Ego zum Diener deiner Seele. So spürst du jeden Tag das Göttliche in dir, das, was dich mit allem, was ist, verbindet. So wirst du zu einem Teil des großen Ganzen. Dann bist du in der Lage, auch deinen Platz an der reich gedeckten Tafel des Lebens einzunehmen, ohne zu bewerten, was du rechts und links von dir wahrnimmst. Neid und Missgunst lösen sich auf.

Erst wenn du dich selbst erkennst, können dich die anderen erkennen. Erst wenn du dich selbst wahrnimmst, werden dich die anderen wahrnehmen als der, der du wirklich bist. Bevor dir das nicht gelingt, spielst du nur eine Rolle. Du bist ein Schauspieler. Du wirst zwar immer raffinierter in deiner Rolle, immer ausgetüftelter werden deine Handlungen, doch es ist nur eine Frage der Zeit, wann du entlarvt wirst und vor allem, von wem. Dafür gibt es auch verschiedene Beispiele in deinem

Leben. Stell dich der Realität, erkenne den Zusammenhang!

Es geht ja wirklich nur um das Erkennen. Wir wollen ja niemanden verändern, nur uns selbst! Du kannst niemand anderen in das Bewusstsein führen, das du in dir trägst. Darum geht es auch gar nicht. Es geht darum, dir selbst treu zu bleiben. Egal, was die anderen tun oder nicht tun. Du bleibst bei dir! Du hast genaue Vorstellungen, was du für ein Mensch sein möchtest, welche Werte du in dir trägst!

Wenn dir Ehrlichkeit wichtig ist, dann sei ehrlich, vor allem zu dir selbst.

Deine eigenen Werte werden dich führen.

Entspricht es deinem Wert, authentisch zu sein, wirst du all deine Rollen aufgeben können, die du in der Vergangenheit gespielt hast.

Entspricht es deinem Wert, integer zu handeln, erlangst du völlig mühelos eine natürliche Autorität, weil du zu deinen Schwächen stehst, die ja auch ein Teil von dir sind. Du wirst dich nicht mehr herrausreden, du brauchst dich nicht mehr zu schämen.

Sind Werte wie Optimismus, Fairness, Ausgeglichenheit, Mitgefühl, Güte oder Dankbarkeit deine Werte, dann lebe sie, definiere dich über sie.

Jetzt nimm dir bitte wieder einen Moment Zeit. Überlege, welche Werte deine sind. Trage sie zusammenn, werde dir darüber bewusst. Schreibe sie dir auf und vergegenwärtige sie dir solange, bis sie dir in Fleisch und Blut übergegangen sind, jeden Tag, und handle danach.

Ich wünsche dir viel Freude dabei! Dieser Weg macht dich zum Schöpfer deines Seins.
Du wirst alles sein, was du dir an Werten selbst integrierst. Übe dich auch bitte in Geduld. Nimm dir Zeit dafür. Du kannst auch jeden Tag etwas Neues integrieren. Das Leben lebt von Veränderungen.

Alles, was du ganz bewusst auswählst, wird dein Selbstwertgefühl bestimmen. Erschaffe dir das Schönste und Beste, was du dir vorstellen kannst! Erlebe dein eigenes Wesen, lebe es!

Lass dein Wissen zu Weisheit erblühen, indem du es lebst. Indem du selbst und alle anderen ihre Erfahrungen mit dir machen, wirst du immer reiner und klarer in deiner Essenz. Du wirst transparent, es wird keine Angriffsfläche mehr geben. Du wirst nichts mehr persönlich nehmen!

Dann bist du frei!
Dann bist du selbstbestimmt!
Dann bist du unabhängig und es kann dir egal sein, was die anderen über dich denken!

Bleib bei dir!
Lass auch die anderen sein, wie sie sind.
Werde frei von Bewertungen!

So kannst du dich auch selber lieben! Dann hast du einen

Menschen erschaffen, der liebenswert ist, der es wert ist, geliebt zu werden. Und das Schönste daran ist: Du hast jetzt jeden Tag mit ihm zu tun, du bist es ja selbst.

Ich gratuliere dir! Das hast du wunderbar gemacht!

Die Macht des Geistes

Alles, was du je erschaffen hast in deinem Leben, ist deinem eigenem Geist entsprungen, deinen eigenen Gedanken. Wir können nur das erschaffen, was wir vorher gedacht haben.

Oftmals unterschätzen wir die Macht des Geistes, wir sind uns seiner Macht nicht bewusst. Dabei unterliegt alles, was wir uns ins Leben holen, dieser einzigen wahrhaft gültigen Grundlage. So war es immer und so wird es immer sein.

Den Unterschied macht allein dein Bewusstseinszustand. Solange du an Zufälle glaubst, an Schicksalsschläge, solange wirst du dich wundern, mit welchen Schwierigkeiten du zu kämpfen hast. Alles scheint dir zu schwierig, du fühlst dich hilflos und ausgeliefert. Du hast das Gefühl, nichts machen zu können.

Ich sage dir, wenn du da angekommen bist, wenn du das erkannt hast, sind die Weichen gestellt, um einen anderen Weg zu gehen, nach anderen Möglichkeiten Ausschau zu halten.

Ergib dich dem Leben, höre auf zu kämpfen. Du hast alles getan, was du dir vorstellen konntest. Was du dachtest, dass es funktioniert. Denke noch einmal an Dinge, die dir nicht gelungen sind. Denke an diese Erlebnisse und dann lass sie los, lass sie ziehen.

Sie gehören der Vergangenheit an. Du hast sie durch dein Denken und deine Wertungen erschaffen. Durch jedes Gespräch, das du darüber geführt hast, sind die Mauern immer höher und höher geworden. So hast du sie zu einem Denkmal werden lassen. Diese Erlebnisse sind so präsent, dass gar kein Platz ist für neue schöne Erlebnisse, für das Gelingen einer Sache.

Jetzt wird es dir klar, was du da getan hast, und alles wird gut, besser als du es dir je vorstellen konntest. Glaube mir, ich weiß, wovon ich rede!

Schau doch gedanklich einfach mal in deinen Kleiderschrank. Öffne die Türen! Ist es da nicht auch so, dass du von Zeit zu Zeit aufräumst? Wenn nicht, dann tue es bald. Alles, was du in den letzten zwei Jahren nicht anhattest, kommt raus. Und das kannst du mit allen deinen Schränken so machen, in der Küche, im Keller, im Schuppen und überall. So nimmst du überhaupt erst einmal wahr, was sich da an alten, verbrauchten Energien angesammelt hat. Das ist letztendlich alles Ballast, den du mit dir rumschleppst. Du bist für all diesen Kram verantwortlich. Du hast ihn aufgehoben, du hast gedacht, das brauchst du noch, hast die Energien festgehalten, hast dich praktisch selbst eingemauert.

Im Bewusstsein deiner Seele kannst du jetzt aufhören damit, kannst deinem Herzen Frieden schenken. Kannst alles loslassen, sogar Möbel, vielleicht sogar Menschen, die schon zum Inventar gehört haben, oder deine Arbeit, in der du dich eingemauert hast, vielleicht sogar deine Wohnung oder dein Haus, was immer dich beengt und dich etwas machen lassen hat, was gar nicht deines war.

Räume auf in deinem Leben wie in deinem Schrank.

Hast du den Kleiderschrank jetzt wieder vor Augen, wie ordentlich und aufgeräumt er ist? Kannst du dir vorstellen, dass du jetzt leichter einen Überblick gewinnst? Jetzt findest du dich schon besser zurecht, stimmt's? Und ich verspreche dir, jetzt können auch die neuen Sachen, die du dir zulegst, in voller Schönheit ihren Platz einnehmen, weil jetzt überhaupt erst einmal Platz da ist. Und genauso ist es auch im Leben.

Wenn wir uns von keinen hinderlichen Umständen verabschieden können, kann auch nichts Neues in unser Leben kommen. Erst ein Ende, ein Aufräumen, bietet die Chance für Neues.

Halte dir nicht länger vor Augen, was dir alles nicht im Leben gelungen ist, woran du gescheitert bist.
Erfreue dich daran, was du schon alles geschafft hast, was du schon bewältigt hast, welche Schwierigkeiten du lösen konntest. Daraus kannst du Kraft schöpfen!
Sei gnädig mit dir, nimm das Geschenk der Gnade an! Beurteile in Zukunft weder Menschen noch Situationen, und vor allem verurteile nichts mehr, auch dich selbst nicht mehr! Versprichst du mir das?!

Betrachte völlig neutral all deine Lebensumstände und triff einfach regelmäßig deine Entscheidungen, was du noch brauchst und was du loslassen kannst.

Du wirst dich wundern, wie schnell du vorwärts gehst ohne Ballast. Dazu gehört nur etwas mehr Mut! Sei es dir selbst wert, diesen leichteren Weg zu gehen. Erledige zügig das »Schrank-Aufräumen«, und dann kann sich auch die Freude wieder ausbreiten in deinem Leben.

Sei dankbar für jede Erfahrung, die du schon machen durftest. Sei auch den Menschen dankbar, die dir diese Erfahrungen ermöglicht haben, die sich zur Verfügung gestellt haben, dir das zu ermöglichen. Bewerte sie nicht mehr! Denke nicht mehr, der- oder diejenigen waren grausam zu dir. Sicher hat es auch manchmal weh getan, sehr weh getan sogar, und trotzdem war es deine Entscheidung, diesen schmerzvollen Weg zu gehen. Wir entscheiden immer selber, ob wir den Weg des Leidens oder den Weg der Freude gehen.

Das hat etwas mit Verantwortung zu tun. Verantwortung, die wir bereit sind für uns selbst zu übernehmen, oder halt eben nicht.

Das, was du selbst denkst, das wird sein! Wenn du denkst, du hast es nicht anders verdient, wirst du leiden. Wenn du denkst, ich bin es wert, den leichteren Weg zu gehen, wird es genauso sein. Das ist die Kraft deines Geistes, die du jetzt bitte bewusst einsetzen wirst. Du selbst entscheidest nämlich, wie schön oder leidvoll dein Leben ist.

Nutze die Zeit für positive Gedanken an einen liebevollen Ausgang und dann glaube fest daran. Vertraue dir selbst! Du bekommst das hin. Vertraue dem Leben! Es wird genauso kommen, wie du es zu deinem seelischen Wachstumsprozess benötigst! Vertrau dem Universum, lass dich führen!

Die Engel haben schon oft zum Besten gegeben, woran es hapert. Sie sagen, wir Menschenkinder reden von so vielen Arbeitslosen. Und sie haben mir verraten, dass sie selbst zehnmal mehr arbeitslose Engel im Universum haben, weil die Menschen glauben, sie müssen alles alleine machen. Sie könnten für uns viel mehr tun, wenn wir ihnen sagen würden, was sie für uns tun können, wenn wir sie um Hilfe bitten würden. Wir denken, wir können es alleine besser, und beschweren uns bei nächster Gelegenheit, wie schwer es war.

Ich denke, ich konnte dir auch in diesem Kapitel näher bringen, wie viel Potenzial in dir steckt. Nutze es mit der Kraft deines Geistes. Aktiviere ihn und motiviere ihn, dir das Schönste und Beste zu erschaffen, was du dir selbst für dich und damit auch für alle anderen vorstellen kannst. Wenn es dir gut geht, sendest du auch gute Energien in das Universum, und davon haben wir alle etwas.

Werde dir bewusst, was du in der Vergangenheit ausgesendet hast, und dann wird es dir ganz schnell gelingen, das zu ändern.

Ich freue mich drauf, deine neuen Energien spüren zu können, voller Liebe und voller Leichtigkeit.

Mut zur Veränderung

Da kommt jemand in unser Leben, der hat etwas Besonderes an sich. Der kann etwas, was wir uns nicht trauen zu leben. Oder er hat einen Charakterzug an sich, den wir toll finden, oder er verfügt über Wissen, das wir nicht haben.

Wie heilsam kann nun die Erkenntnis wirken, *dass du genau diese Gabe in dir selbst trägst, sonst könntest du sie gar nicht bei jemand anderem wahrnehmen.* Wir können nämlich nur das an jemand anderen wahrnehmen, was wir selbst in uns tragen.

Das gilt für die weniger schönen Dinge genauso wie für jene, die wir begehrenswert finden.

So, und jetzt holst du bitte mal tief Luft, dass diese Erkenntnis erst einmal ankommen kann in dir. Sie möchte nämlich in deinem Herzen aufgenommen werden. Indem du diese Weisheit annehmen kannst, hast du sie schon integriert in deinem System.

Sie ist jetzt ein weiterer Bestandteil deines Seins. Diese Erkenntnis gehört jetzt zu dir, wird dich stärken und dich in Bewegung setzen.

Und nun geht es darum, sie zu leben, sie ins Leben zu integrieren. Was bedeutet das im Einzelnen?

Da kommt jemand in dein Leben, der dich fasziniert. Es ist, als wenn du dich jetzt vollkommen fühlst. Du denkst, ja, das hat mir gefehlt zu meinem Glück oder auf meinem Weg. Du blühst auf, du hast Freude an dem, was ihr gemeinsam macht, und du bist begeistert von dieser Person. Alles scheint auf einmal so leicht zu gehen, so selbstverständlich. Jetzt kannst du dich dem Leben hingeben... Soweit ganz gut.

Die Herausforderung besteht nun darin, diese Person wieder loszulassen. Sie hat ein eigenes Leben, einen eigenen Seelenplan, eine eigene Lebensplanung. Kümmert sich jeder um seine eigenen Belange, kann gar nichts schief gehen.
Dann kann der andere eine echte Bereicherung sein für uns. Nur wenn du dich dranhängst, wenn du Besitzansprüche stellst, dann wirst du dich selbst verlieren. Das ist der sicherste Weg in eine Abhängigkeit.

Was passiert da?

Du willst natürlich so viel Zeit wie möglich mit demjenigen verbringen. Du richtest alle Konzentration auf diese Person. Du gibst dich selbst völlig auf.
Alleine kommst du dir so wertlos vor, so hilflos. Jede Entscheidung möchtest du mit diesem tollen Menschen absprechen, in jeder Situation wünscht du seinen Rat, und natürlich wirst du seiner Meinung mehr Bedeutung zukommen lassen als deiner eigenen.

Selbst wenn derjenige mal keine Zeit hat, tust du etwas, was mit ihm zu tun hat. Und wenn es auch da nichts mehr zu tun gibt, fühlst du dich allein und ungeliebt und wartest wieder darauf, dass er oder sie endlich wieder da ist.

Du hast Sehnsucht! Du hast eine Sucht! Du hast dich abhängig gemacht von dieser Person. Du hast all deine Liebe auf ihn oder sie konzentriert und deine Liebe zu dir selbst, völlig aus den Augen verloren.

Ich bin fest davon überzeugt, dass jede Seele das auch schon mal so erlebt hat. Im Unbewussten unseres Seins ist das eine wichtige Lebenserfahrung, um uns weiter zu entwickeln. Was bedeutet dieses Erlebnis jetzt im bewussten Sein unserer Seele?

Im Bewusstsein unserer Seele können wir dieses Geschenk des Universums einfach annehmen, ohne es zu bewerten. Wir sind dankbar für diese Seele, die in unser Leben gekommen ist, die uns genau das zu Verfügung stellt, was wir noch nicht leben. Wir werden erfahren, wie diese Seele unsere Fähigkeit ins Erwachen bringt, und wir werden von Anfang an selbst die Verantwortung dafür übernehmen. Es geht hier um uns, wir wollen ja etwas integrieren, also werden wir auch selbst etwas dafür tun.

Wir werden probieren und immer wieder probieren, so lange, bis es uns auch gelingt. Haben wir das nicht schon getan, als wir laufen lernten? Sind wir nicht immer wieder aufgestanden und haben es von Neuem versucht? Warum sollte es uns jetzt nicht gelingen? Ist es nicht ein wenig wie Laufen-Lernen, Spre-chen-Lernen oder Lesen-Lernen?

Was hindert dich daran, geduldig zu sein und dir immer wie-der Mut zu machen? Geh mit Freude an das Gelingen, wie ein

Kind, und es wird dir gelingen! Solche Fähigkeiten beinhaltet das kollektive Bewusstsein, welches wir ja auch in uns tragen.

Wovor hast du Angst? Niemand erwartet etwas von dir! Du bist frei und darfst selbst entscheiden, was du integrierst in dein System. Lebe dein kreatives Potential. Kreiere dich selbst. Alles, was dich an anderen fasziniert, trägst du auch in dir. Lebe es! Lass es erblühen! Lass es gedeihen!

Geh nicht mehr in Resonanz, weder bei Leid noch bei Freud. Resonanzen erzeugen immer Wertungen. Entweder empfindest du den anderen als so toll und dich selber gar nicht. Oder du empfindest den anderen als unmöglich und denkst Wunder wie toll du bist. Beides bringt dich nicht wirklich weiter. Durch beide Möglichkeiten versagst du dir selbst seelisches Wachstum.

Wähle den Weg der Neutralität. Erkenne an, dass jede Seele, die in dein Leben kommt, auch ein Teil von dir ist. Dass jede Situation, die in dein Leben kommt, ein Teil von dir ist. Alles, was in dein Leben kommt, ist auch deines, egal, wer oder was es in dein Leben gebracht hat.

Die Dinge, die wir toll finden, integrieren wir in unser System. Frage dich: Was will ich? Will ich auch so sein? Will ich, dass es auch ein Teil von mir wird?

Die Dinge, die wir nicht so toll finden, neutralisieren wir. Wir lassen sie los, atmen sie runter zu Mutter Erde und geben sie frei zur Transformation.

Neutralität bedeutet Klarheit, Reinheit, Gelassenheit und Transparenz. So können wir uns wunderbar abgrenzen. Schon bei Dirty Dancing haben wir gelernt, welches sein Tanzbereich war und welches ihrer war. Hast du die Passage vor deinem inneren Auge? Gut, denn das ist Abgrenzung. Abgrenzung bedeutet nur den Schutz des eigenes Weges. Dass jeder in seinem Bereich bleibt.

Genauso ist es in Beziehungen. Wenn jeder bei sich bleibt, ganz klar und rein, ist ein echter Gedankenaustausch möglich. Jeder hat seinen Standpunkt. Jeder kann sich die Argumente des anderen anhören, sie respektieren und überprüfen, ob es auch seine sind. Kläre immer für dich, ob andere Meinungen auch deinen Werten entsprechen, ob sie dir auch wichtig sind, ob du dich auch mit ihnen identifizieren kannst.

Gedankenaustausch beinhaltet auch immer Energieaustausch. Unsere Gedanken entsprechen nämlich unserer Energie. Gerade ein Gedankenaustausch zwischen Männlein und Weiblein kann sehr inspirierend sein. Es ist ein Austausch zwischen männlicher und weiblicher Energie.

Männliche Energie braucht etwas Handfestes, braucht Beweise. Gib es keine Beweise, werden Zweifel gesät, wird Achtung und Respekt untergraben, verlieren wir an Kraft und Mut oder die Kontrolle. Männliche Energie wird über die linke Gehirnhälfte zur Verfügung gestellt, hat nur ein begrenztes Vorstellungsvermögen und bewertet immer die Situation oder den Menschen.

Weibliche Energie kann alles und jeden annehmen, wie es ist, kann alles gelten lassen und folgt ihrer Intuition. Weibliche Energie braucht keine Beweise, nur ein unendliches Vorstellungsvermögen und schafft auf diese Weise neuen Mut und die Kraft, die benötigt werden, um eine Angelegenheit ins Gelingen zu führen. Der Ursprung ist die rechte Gehirnhälfte.

Da wir Menschen des 21. Jahrhunderts ja sowieso nur noch ca. 10% unserer Gehirnmasse benutzen, verzichten wir natürlich sogar noch ganz großzügig auf die Gaben der rechte Gehirnhälfte. Von Kindheitstagen wird die linke Gehirnhälfte trainiert, mit Zahlen und Buchstaben gefüttert, mit Vorschriften und Anweisungen, dass bloß keine Seele auf die Idee kommt, selber was mit der rechten Gehirnhälfte zu kreieren.

Nun frage ich euch: Warum werden denn so viele Ehen geschieden? Warum sind denn so viele Menschen unglücklich in ihren Beziehungen? Willst du es wirklich wissen?

Männer und Frauen werden von unserer Gesellschaft angehalten, sich zu beweisen. Beweisen war noch mal welche Gehirnhälfte? Richtig, die linke.
Wie soll das gehen? Dann funktionieren wir Frauen ja immer mehr wie ein Mann! Denken wir schon wie Männer? Klar, wir arbeiten ja auch wie Männer!

Nur: So funktioniert das Projekt Menschwerdung nicht. Kein Mensch fährt mit einem Auto auf zwei Rädern! Aber wir Menschenkinder erschaffen die Welt mit einer Gehirnhälfte.

Vielversprechend, oder?!

Nun also, lasst uns uns doch mal ganz in Ruhe an dieses so empfindliche Thema rantasten. Was spricht denn dagegen, wenn Männlein und Weiblein sich einander auch wieder energetisch näherkommen würden? Das kommt uns allen doch zu Gute.

Als wir Kinder waren und uns keine Gedanken machten, hat es doch auch funktioniert. Jungs und Mädchen malen, basteln, singen, lernen lesen und schreiben. Warum sollen wir uns im Erwachsenenalter einschränken, beschränken? Spezialisieren ist gut! Nur Einschränkungen nicht.

Konzentrieren wir uns doch mal jeder auf seine Ursprungsenergie. Männer auf links, Frauen auf rechts. Wenn wir das nun optimal umsetzen wollten, könnte das bedeuten, Frauen haben die Ideen und Männer das Zeug, diese in die Tat umzusetzen. Und schon könnten Männer und Frauen wieder prima in einem Team zusammenwirken. Das lässt sich überall umsetzen, im Haus, im Garten, in der Politik und in der Wirtschaft.

Jetzt blicken wir mal darauf, wie es wirklich aussieht. Welcher Mann ist freudig bei der Sache, wenn Frau mal wieder eine tolle Idee zur Umgestaltung der Wohnräume hat? Welcher Mann hat ein Lob übrig für die Bepflanzung der Balkonkästen oder den Vorgarten? Kennst du einen Mann, der Anteil nimmt an der Gestaltung des Zimmers seines Sprösslings?

Wieviel Prozent der Posten in Politik und Wirtschaft werden

denn von Frauen bekleidet? Achte mal darauf und dann erkennen wir ganz schnell, was es zu ändern gilt. Da fragen wir uns, warum es keine neuen Ideen gibt, keine Alternativen? Sind die Männer zu stolz, die Ideen der Frauen umzusetzen, oder wird erst gar keiner Frau mehr zugehört, die eine Idee hat? Worum geht es da?

Es geht um eine Balance. Die Medizin, die einzunehmen ist, heißt Achtung und Respekt vor dem anderen Geschlecht. Das gilt sowohl für das Männliche als auch für das Weibliche.

Warum gehen wir nicht mit jedem so um, wie wir möchten, dass mit uns umgegangen wird? Ich glaube, mit dieser simplen Veränderung in den Köpfen der Menschen würde schon eine Menge bewegt werden können.

Eine andere Möglichkeit ist, dass jeder auf sich selbst acht gibt, beide Gehirnhälften zu benutzen. Die Kreativität und spirituelle Kraft genauso zu leben wie unsere Schöpferkraft.

Wir Frauen haben im 20. Jahrhundert gelernt, allein für uns zu sorgen, allein unsere Kinder großzuziehen. Wir kriegen es hin, selbständig zu sein, Mutter zu sein und Frau zu sein. Männer, jetzt seid ihr dran! Nehmt euren Platz ein in der Familie. Lasst eure Schöpferkraft wieder fließen und trainiert eure rechte Gehirnhälfte!
Und dabei gilt nicht *entweder* Beruf *oder* Familie, sondern beides. Das Zauberwort heißt *und*!

Ich glaube, jeder, der dieses Buch liest, wird die Gelegenheit nutzen, jetzt mal darüber nachzudenken. Zeigt euren Männern, Kollegen und Kolleginnen nur diesen Part und philosophiert mal darüber in der Mittagspause, was wäre wenn...

Ich wünsche euch viel Spaß dabei.

Werdet kreativ und entdeckt eure Weiblichkeit, eure rechte Gehirnhälfte, liebe Frauen, entdeckt die Göttin in euch, die tolle Ideen in sich trägt.

Auch euch Männern kann ich sagen, wenn ihr eure rechte Gehirnhälfte benutzt, werdet ihr keinen Stress mehr haben mit den Frauen, weil ihr immer wieder gerne etwas verändern werdet. Nur Mut!

Ich werde dich erleben lassen, erfahren lassen, wie du Selbstliebe entwickelst, dir bewahrst und sie jeden Tag lebst. Ich führe dich in die wundervollsten Schwingungen der Liebe und Sanftheit. Alles, was du dazu brauchst, wohnt bereits in dir. Ich glaube kaum, dass du noch einen Moment in Negativität zu dir selbst leben möchtest, wenn du die andere Seite einmal wahrhaftig erfahren hast. Gönne dir diesen Ausflug und entscheide dann selbst, welchen Teil deines Seins du ausleben möchtest. Entweder das Licht der Liebe, das die Welt erhellt, oder die Schattenseiten der Liebe, die die Welt und natürlich auch dich selbst quälen und im Leid gefangen halten.

Die Liebe ist alles, was ist. Das Leben ist alles, was ist. Das Göttliche, das Reine, das Klare ist alles, was ist. Ihnen ist es völlig egal, wie wir es nennen. Genau deshalb ist die Liebe göttlich, ist das Leben göttlich, ist jeder von uns göttlich! Wirklich jeder, egal ob schwarz oder weiß, Mann oder Frau, groß oder klein, dick oder dünn. Lasst uns aufhören mit diesen Bewertungen, mit irgendwelchen Beurteilungen. Wer sagt, dass Dünn besser ist als Dick? Ich sage, alles hat seine Berechtigung. Jedes einzelne Puzzleteil unseres MenschSEINs ist genauso wichtig wie jedes andere, nicht mehr und nicht weniger.

Stell dir vor, jeder Mensch wäre ein Puzzleteil. Ein Einzelnes gibt uns viele Rätsel auf. Wir schauen es uns an, von allen Seiten, denken, was will es uns sagen, wo gehört es hin? Haben wir verschiedene Einzelteile zusammengesetzt, bekommen wir schon eine Vorstellung von der Einzigartigkeit des Bildes, von seiner Schönheit. Und trotzdem wird noch viel Kreativität benötigt, um auf das große Ganze schauen zu können.

Und genauso ist es in unserem Leben. Jede Erfahrung ist ein Puzzleteil. Es ist manchmal auch gar nicht so leicht, so ein passendes Puzzleteil zu kreieren. Manchmal ist es fertig und wir haben noch keine Vorstellung, wozu wir es gefertigt haben, wo sein Platz sein wird. Und trotzdem ist es schon ein Teil von uns. Je mehr Teile, je mehr Erfahrungen dazu kommen, umso größer wird es.

Und das ist letztendlich wirklich das Einzige, was uns unterscheidet. Die Größe unseres Puzzles, sprich die Anzahl der Lebenserfahrungen, die sich jede Seele wünscht. Manch einer hat sich gar nicht so viel vorgenommen, und alle, die dieses Buch lesen, haben sich sehr, sehr viel vorgenommen, sonst wären wir alle nicht hier, nicht jetzt.

Wir haben uns entschlossen, in einer Zeit zu inkarnieren, in der alles möglich ist. Alles kann heilen, jede Verletzung aus diesem Leben und auch aus früheren Leben. Energetisch gesehen ist alles vorbereitet. Die Frage ist nur: Was können die Menschen sich vorstellen? Jeder wird soviel Heilung erfahren, wie er sich vorstellen kann. Dafür haben wir einen freien Willen. Wir dürfen selbst entscheiden, was wir integrieren, was wir wieder in uns aufnehmen. Solange wir etwas abarbeiten wollen, wird es schwierig. Arbeit muss ja schwer sein, so haben wir es gelernt.

Ich sage euch, es geht auch einfacher.

Denk doch bitte mal an das Puzzle. Wenn du es für möglich hältst, selbst für die Anzahl der Puzzleteile verantwortlich zu sein, weil es deine freie Wahl wäre, bräuchtest du doch auf niemanden neidisch zu sein, der es angeblich leichter hat (weil er weniger Puzzleteile gewählt hat als du).

Das ist ein sehr wichtiger Gedankengang für die Selbstliebe. Diese Erkenntnis wird dich versöhnen mit dir selbst, mit deinem Seelenplan oder wie du es auch immer nennen möchtest.

Ich werde dir die Unendlichkeit dieses Puzzles bewusst machen. Jedes einzelne Puzzleteil eines einzelnen Menschen ist wieder nur ein einzelnes Puzzleteil eines großen ganzen Puzzles der Menschheit. Nimmst du jedes einzelne Puzzleteil (jeden einzelnen Menschen), fügst es ein, entsteht ein wunderschönes großes Bild (die Menschheit).

Ist es nicht ein tolles Gefühl, dabei sein zu dürfen? Bist du dir jetzt bewusst geworden, wie sehr es auch auf dich ankommt, dass du deinen Platz einnimmst? Stell dir vor, da fehlt ein Puzzleteil, jeder schaut auf diese Stelle. Die Schönheit des ganzen großen Puzzles ist beeinträchtigt. Meinst du jetzt wirklich noch, es kommt darauf an, ob deine Haare kurz oder lang sind, ob du dick oder dünn bist? Nein, es kommt darauf an, dass du deinen Platz einnimmst in diesem großen Ganzen. Und ich verspreche dir, du hast genau diese Form (diese Puzzleteilform), die da benötigt wird.

Wenn wir diesen Weg weiter verfolgen möchten, findest du sogar deinen Platz in diesem Universum und in allen anderen. Glaube mir, alles ist miteinander verbunden. Es gibt nichts, was losgelöst wäre von allem anderen. Die kleinste Schwierigkeit hat sogar seinen Platz im großen ganzen Leben der Menschheit. Ist doch wow..., oder!?

Da ich dich jetzt dazu gebracht habe, ein bisschen größer zu denken, über deinen Tellerrand hinweg zu schauen, schau doch bitte mal zum Himmel. Kannst du dir diese unendliche Weite vorstellen, die dir zur Verfügung steht? Bekommst du jetzt eine Vorstellung davon, wie viel Unendlichkeit der Erfahrung der Liebe dir offen steht? Liebe ist überall um dich herum, du atmest sie ein, du siehst sie im Spiegel, jede Blume, jeder Baum, jedes Vogelgezwitscher, jedes Lächeln offenbart dir die Liebe.

Sei bereit, diese unendliche Liebe zu leben. Du hast so unendlich viele Möglichkeiten, die Liebe zu erfahren. Öffne dich für diese Möglichkeiten! Halte mehr für möglich, als du je erfahren hast. Geh bewusster durch das Leben, werde dir bewusst darüber, von wie viel Liebe du umgeben bist, genau in diesem Moment. Schau nach rechts und schau nach links, alles, was dich umgibt, hat etwas mit Liebe zu tun.

Und jetzt fühlst du mal bitte in dich hinein. Alles, was du wahrnimmst, ist Liebe, die Liebe zu dir selbst, die Selbstliebe! Sie zaubert dir ein Lächeln auf die Lippen, öffnet dich für die Freude, erhöht deine eigenen Schwingungen. Du fühlst dich beschwingt, bekommst Lust etwas zu machen, räumst vielleicht schwungvoll deinen Kleiderschrank auf, gehst an die frische Luft oder verabredest dich mit jemandem. Tu einfach, was dir Freude macht, tu etwas dir selbst zuliebe.

Die Liebe zu uns selbst zu leben, ist etwas Befreiendes. Wir lösen uns auf diesem Weg aus unseren Abhängigkeiten heraus. Ist es jetzt nicht nebensächlich geworden, ob uns jemand sagt, dass er uns lieb hat? Stell dich vor den Spiegel, sage dir selbst, dass du dich lieb hast. Schenke dir doch selber mal einen Luftkuss oder küsse dein Spiegelbild. Ich weiß, das sieht albern aus, macht aber Spaß!

Gib dir alles selbst, was du dir früher von anderen gewünscht hast, befreie dich. Mach dir selbst Komplimente, die wirken genauso, glaube mir! Mach auch anderen Komplimente, jetzt, wo du deren Wirkungsweise kennen gelernt hast. Gönne auch den anderen diese Erfahrung.
Verbreite deine Lebensfreude, deine Liebesfähigkeit. Lächle dein Spiegelbild an und lächle auch die anderen an. Öffne dein Herz für die Liebe und das Leben, und du wirst auch andere Herzen öffnen.

Mache alles, was dir Freude bereitet, und gehe achtsam um mit dir, mit deiner Liebesenergie, mit deiner neu gewonnenen Lebensenergie. Versprich dir selbst bitte, wen du auch immer lieben lernen wirst, dich selbst wirst du noch mehr lieben! Du wirst dich jetzt mehr lieben, als du je einen anderen geliebt hast. Das ist dein Seelenheil!

Irgendwann bist du so mutig und so kraftvoll, so liebevoll und voller Lebensfreude. Dann gibt es nichts mehr, was du dir nicht zutraust. Dich kann nichts mehr aus der Ruhe bringen, du bleibst gefasst, in jeder Situation. Du bleibst im Licht, was immer auch geschieht, weil du dich für die Liebe entschieden hast, die Liebe in dir.

Du machst nichts mehr anderen zuliebe, sondern nur das, was deiner Liebe entspricht, deinem Wert der Liebe. Und du wirst dich wundern, wie viel Liebe in dein Leben kommt. Jetzt haben überhaupt erst einmal liebe Seelen die Chance in dein Leben zu kommen, dich zu lieben, wie du bist. Jetzt kannst du ihnen nämlich glauben, wenn sie dir Komplimente machen. Jetzt bist du frei und nicht mehr abhängig davon. Letztendlich ist es doch egal, du kannst darüber ganz entspannt lächeln, wahrhaftig lächeln. Du bildest dir nichts mehr darauf ein, du bist nicht mehr angewiesen darauf. Du hast dich davon befreit.

Und jetzt wirst du erleben, dass die Liebe eine Bereicherung ist. Du trägst jetzt so viel Liebe in dir, bist von innen heraus aufgefüllt, »bis zum Stehkragen«. Wenn du jetzt die Liebe noch im Außen erlebst, ist es eine wahre Bereicherung. Es ist mehr, als du brauchst, es ist ein Geschenk! Freue dich auf diese Menschen!

Ich freue mich auch für dich! Es hat mir sehr viel Spaß gemacht, dir diese Erfahrungen zu vermitteln. Ich wünsche dir viel Freude mit all diesen Erkenntnissen und gutes Gelingen dabei, die Liebe in dir zu leben. All die Liebe, die du in dir erschaffen wirst, trägst du hinaus in die Welt.

All die Liebe, die ich jeden Tag lebe, sende ich auch aus in die Welt, und jede andere bewusste Seele auch. Jetzt stell dir mal vor, unsere Energien treffen sich auf der Reise rund um den Erdball, umarmen sich, vereinen sich, und es gehört doch nicht viel Vorstellungskraft dazu, dass wir auf diesem Weg die Liebe auf die Erde bringen.

Lasst uns an dieser Stelle auch einen lieben Gruß an alle Menschen dieser Welt senden.

Empfinde noch einmal alle Liebe für dich selbst, die ich dir bewusst machen konnte. Dann atme bitte ganz tief in dein Herz. Atme hinein wie in einen Luftballon. Lass dein Herz größer und größer werden. Stell dir den Ballon farbig vor, rosa oder grün oder... Und wenn dein Herz (der Ballon) sich prächtig entfaltet hat, atmest du einmal ganz bewusst aus, gaaanz lange und ganz tief. Puste deiner Liebe noch hinterher. Binde noch liebe Gedanken an sie und dann lass sie los. Sie darf fliegen, wohin sie will.

Irgendwann kommt diese Liebe zurück zu dir und bringt von all der Liebe, die sie unterwegs getroffen hat, einen lieben Gruß mit. Das wird dich »umhauen«. Freue dich darauf!

Lebe frei und unabhängig

Schon in dem Thema, welches wir jetzt integrieren wollen in dein System, stecken vier verschiedene und doch ineinandergreifende Lebensgefühle. Es geht darum zu leben und nicht einfach zu funktionieren. Es geht darum, das Wort Freiheit für dich neu zu definieren. Es geht darum anzuerkennen, dass jede Seele den Weg der Abhängigkeit wählt, um sich zu befreien, um sich auf eigene Beine zu stellen. Es geht darum, sich bewusst zu machen, wie vielen Menschen zuliebe wir etwas tun, was gar nicht unseres ist, nicht unseren Werten entspricht.

Es geht letztendlich um die Liebe. Alles, was wir tun oder nicht tun, hat etwas mit der Liebe zu tun. Entweder geht es um die Liebe im Inneren, um die Selbstliebe, oder es geht um die Liebe im Außen, um die Anerkennung. Entweder sind wir noch auf der Suche nach der Liebe oder wir haben uns schon mit ihr verbunden.

Die Liebe ist so unendlich, so allumfassend, so groß und weit, wie du es dir nur vorstellen kannst. Alles, was noch nicht Liebe bei dir ist, wird von Angst regiert. Das Tragische daran ist, dass in deinen Körperzellen nur eines von beiden aufgenommen werden kann. Das heißt, in jeder Körperzelle, wo noch die Angst wohnt, ist kein Platz für die Liebe.

Wenden wir uns dem Leben zu.
Was heißt es für dich zu leben? Was verbindest du damit?

Es gibt ein Leben und ein Überleben.

Wo stehst du gerade?

Leben hat etwas mit Liebe zu tun, Überleben mit der Angst.

Solange du mit dem Überleben beschäftigt bist, hast du noch Angst vor dem Leben. Diese Existenzängste sind gar nicht mehr vorgesehen in der Entwicklung der Menschheit, sie sind energetisch schon abgeschlossen. Du beschäftigst dich also gerade mit abgestorbener Energie.

Alle Seelen, die in der ersten und zweiten Welt inkarniert sind, brauchen keinen Hunger mehr zu leiden, keinen Überlebenskampf mehr zu führen. Diese Erfahrung haben sie schon in früheren Leben auf anderen Kontinenten gemacht. Und jede Seele, die jetzt gerade hier ist und im Mangel lebt, braucht sich nur zu erinnern, wie es geht. Werde dir bewusst, wie viele Möglichkeiten du in dir trägst, um dein Leben zu gestalten.

Alles, was uns nicht lebenswert erscheint, haben wir uns selbst erschaffen, durch unsere Entscheidungen, die wir in der Vergangenheit getroffen haben. Die Entscheidungen, die dem Wohle unseres menschlichen Egos dienten, führten uns in das Chaos, von einer Angst in die nächste.

Entscheidungen, die wir im Bewusstsein unserer Seele treffen, führen immer zum Erfolg, werden von Liebe getragen. Von der Liebe zu uns selbst bis hin zu der Liebe zu allen Menschen, den Tieren, der Natur, hin zur Liebe zu Mutter Erde.

Bist du in der Liebe, dann hast du auch das Bewusstsein für

ein reiches Leben. Jeder von uns trägt den Reichtum in sich, einen Reichtum, der einer Fülle an Talenten und Fähigkeiten entspricht.

Fühlst du dich noch nicht reich und liebenswert, empfindest du das Leben noch als mühselig und schwer? Dann werde dir deiner Fähigkeiten und Fertigkeiten bewusst. Dann mach dich bitte auf den Weg! Ich weiß, es ist auch für dich vorgesehen, in diesem Leben diesen Schatz zu bergen!

Es gibt inzwischen sehr, sehr viele ganzheitlich-spirituell begabte Menschen, die in jüngster Vergangenheit in die Kraft geführt wurden, um andere anzuleiten. Ich bin nur eine Seele von Tausenden. Selbst unsere Kinder und Enkelkinder können uns schon bestimmte Fähigkeiten bewusst machen. Sie sind noch so unverbraucht in ihrer Energie und werden von der Liebe getragen.

Die Zweifel, die sie irgendwann in sich spüren, übernehmen sie für uns, weil sie uns als schwach erleben. Sie wollen uns etwas abnehmen, was gar nicht ihres ist. So haben wir es für unsere Eltern und Großeltern getan, und so werden es unsere Kinder machen, wenn wir sie nicht erlösen. Wenn wir nicht sagen: STOPP!

Wenn du schon Stopp sagen kannst, bist du in der Liebe, stehst mit beiden Beinen im Leben.

Kannst du es noch nicht sagen, bist du noch in der Angst gefangen, der Angst vor dem Versagen, dass du es allein nicht hinbekommst. Dann hole dir bitte Hilfe!

Um Hilfe zu bitten, hat etwas damit zu tun, sich weiterentwickeln zu wollen. Sei es dir selber wert! Es geht hier nur um dich, weil es jeder für sich selbst tun kann und tun wird, irgendwann!

Selbst wenn du deinen Partner von Herzen liebst und er sich nicht weiterentwickeln möchte, kannst du nichts für ihn tun. Es ist, als wenn er sitzen geblieben ist in der Lebensschule. Willst du deshalb auch sitzen bleiben? Was würdest du deinem Kind sagen, wenn es seinem Freund zuliebe auch sitzen bleiben möchte?

Erkennst du den Verlauf einer Abhängigkeit? Wir machen uns abhängig von einer anderen Person.
Wir machen unser Glück abhängig von der Entwicklungsbereitschaft einer anderen Seele.

Höre bitte auf damit! Das hat einfach etwas mit Verantwortungsbewusstsein zu tun. Jeder ist in erster Linie für sich selbst verantwortlich, in zweiter Linie für die uns »Schutzbefohlenen« (dazu zählen nur unsere Kinder). Selbst unsere Eltern sind erfahren genug, für sich selbst zu sorgen. Auch sie haben die Möglichkeit, um Hilfe zu bitten oder vorzusorgen. Oder willst du später deinen Kindern das Leben erschweren, weil sie sich um dich zu kümmern haben?

Wenn sich jemand um jemanden kümmern möchte, sollte das aus freien Stücken geschehen. Ich gehe sogar soweit, dass es nicht einmal etwas mit Blutsverwandtschaft zu tun hat. Sind deine Kinder nicht auch ein Teil von mir? Bin ich nicht auch ein Teil deiner Eltern? Ist es nicht egal, wer mit wem verwandt ist? Sind wir nicht alle irgendwie miteinander verwandt, früher oder später? Öffne dich doch einfach mal für diese Möglichkeit. Merkst du, wie viel Druck von deinen Schultern genommen wird? Bekommst du eine Vorstellung davon, welches Freiheitsgefühl in dir erwacht?

Oder bekommst du Angst, dass dir etwas weggenommen wird? Wenn sich jeder ein Stück auch für den anderen verantwortlich fühlt, ist es letztendlich egal, ob verwandt oder nicht! Es geht hier um die Liebe zu allen Menschen!

Wir alle sind ein Teil des großen Ganzen! Was uns noch unterscheidet, ist nur der Bewusstseinszustand, die Wahrnehmung. Trägt nicht jeder Mensch seine eigene Wahrheit in sich? Lass den anderen ihre Wahrheit und lebe deine eigene. Jede Seele schaut aus einem anderen Blickwinkel auf das Leben, deshalb wird jede Seele etwas anderes wahrnehmen. Jeder darf selbst bestimmen, was seiner Wahrheit entspricht, seiner Vorstellungskraft. Gewähre dir selbst diese Freiheit und allen anderen auch.

Selbst meine Worte werden von jedem anders gelesen, anders wahrgenommen, anders interpretiert. Und ich sage mir, toll, dass die Menschen sich die Mühe machen, meine Worte für sich zu deuten. Was könnten meine Worte für dich bedeuten, für deinen Weg? Ich möchte Perspektiven aufzeigen, Möglichkeiten, die zur Verfügung stehen. Wähle das aus, was für dich passt. Auch für dich ist etwas dabei!

Mach dich frei von alten Gewohnheiten, von alten verbrauchten Gedankenmustern! Nimm dein Leben selbst in die Hand, beginne dir das schönste Leben zu gestalten, das du dir vorstellen kannst.

Traue dich zu sagen, was du denkst, und dann tue bitte, was du sagst! Unterstreiche deine Worte durch deine Taten.

In der Vergangenheit haben große Menschen große Reden geschwungen und etwas ganz anderes getan. Sie blieben sich selbst nicht treu! Und davon gibt es heute auch noch genug. Willst du wirklich noch dazu gehören, oder traust du dich dort auszusteigen?

Jetzt haben wir alle die Möglichkeit, daran etwas zu ändern. Alle Menschen, die diese Werte für sich selbst erkennen und integrieren, werden sie leben, in Freiheit und Unabhängigkeit. Sie werden selbst bestimmen, welches ihre Werte sind, und sie leben, zu ihrem eigenen Wohl und vor allem zum Wohle aller. Das ist der Unterschied, der einzige. Und dann wollen wir doch mal sehen, welches Lebensgefühl daraus für alle entsteht, die sich daran beteiligen und ihre Werte neu überdenken.

Ist das vielleicht ein Weg, durch das bewusste Handeln die Energie der Erde anzuheben? Kannst du dir das vorstellen? Kann das ein kleiner Beitrag sein, etwas wieder auszugleichen, was die Menschheit Mutter Erde schon alles angetan hat? Dann sei dabei!

Du tust etwas für dich, für deine persönliche Weiterentwicklung.

Du tust etwas für uns alle, für die Evolution der Menschheit.

Du tust auf diesem Weg auch etwas für den Erhalt unseres wundervollen blauen Planeten Erde.

Jede bewusste Seele tut etwas dafür.

Ich freue mich, dass du auch dabei bist!

Die Sprache der Herzen

Zu Besuch in deinem Herzen

Ist dein Herz in deinem Körper wirklich nur dafür da, ihn am Leben zu halten?

Wenn es nur funktionieren soll, wird es früher oder später recht traurig sein und dir Kummer bereiten. Es speichert nämlich auch all deine Schmerzen und Verletzungen, die du auf seelischer Ebene erfahren hast. Über die lange Zeit, in der es dir dient, bekommt es Wunden, manchmal sogar Narben.

Wenn du dich an deinem Körper verletzt, fließt Blut, verlierst du deinen Lebenssaft.
Wenn dein Herz verletzt wird, fließen Tränen, verlierst du deine Lebensfreude.

Die körperlichen Verletzungen sind äußerlich, sodass sie jeder sehen kann. Du wirst einen schönen dicken Verband bekommen und hast Gesprächsstoff für Tage, manchmal Wochen. Letztendlich heilt die Verletzung und alles war gar nicht so schlimm, es war einfach eine Erfahrung.

Die Verletzungen an deinem Herzen sind innerlich, die trägst du nicht zur Schau. Ganz im Gegenteil, es soll ja niemand sehen, dass du Kummer hattest. Du machst deinen Schmerz mit dir alleine aus und spielst nach außen eine Rolle. Du funktionierst eben, wie es andere von dir erwarten. »Die Zeit heilt alle Wunden« – tröstend, oder?

Dabei gibt es die Zeit universell gar nicht! Sie ist doch nur von den Menschen erschaffen worden, um sich leichter orientieren zu können. Jetzt soll sie sogar eine Heilerin sein? Klingt nicht gerade nach liebevoller Fürsorge!

Merkst du, wie dir gerade bewusst wird, dass du dir noch nie wirklich Gedanken darüber gemacht hast, wie die seelischen Wunden in deinem Herzen versorgt werden? Hast du sie überhaupt schon mal versorgt?
Im Grunde genommen wollen wir doch den Schmerz in unserem Herzen gar nicht spüren. Wir lenken uns ab, beschäftigen uns mit anderen Sachen, und irgendwann denken wir einfach nicht mehr daran. Das denken wir! Unser Herz denkt nicht so.

Unser Herz versucht es allein, so gut es eben geht, weiter zu funktionieren, bis es eben irgendwann aus eigener Kraft nicht mehr kann. Dann gehst du zum Arzt, holst dir Tabletten und die sollen es richten. An all die Verletzungen, die du in deinem Leben erfahren hast und die du selbst nie versorgt hast, denkst du schon gar nicht mehr. Geschweige denn an einen Zusammenhang.

Ich glaube, jetzt verstehst du, warum es deinem »Herzen« so am Herzen liegt, mit dir mal darüber zu sprechen. Es möchte gern erlöst werden von seiner Traurigkeit, von all seinem Kummer. Ich bitte dich, nimm dir die Zeit dafür, ihm zuzuhören und dich mit deinem Herzen zu versöhnen!

Darf ich dir zeigen, wie es geht?

Stell dir vor, du hältst dein Herz in deinen Händen. Wärme es, schenk ihm deine Liebe, lass es sich bei dir geborgen fühlen. Nimm deine Daumen und streiche ganz sanft all seine Narben glatt, lass die Erinnerungen los, lass die Gedanken an die Personen und Situationen los, die dir diesen Kummer bereitet haben.

Stell dir vor, du hältst dich selbst als kleines Kind in deinen Armen. Dein Herz ist dein inneres Kind! Deshalb fühltest du dich manchmal so überfordert von der Situation, weil du dich hilflos gefühlt hast, wie ein Kind. Werde jetzt selbst zu seiner Mutti (wenn du eine Frau bist) oder seinem Vati (wenn du ein Mann bist). Schenke dir selbst die Aufmerksamkeit und Liebe, die du dir als Kind so sehr gewünscht hattest.

Es ist nie zu spät dafür! Tu es dir selbst zuliebe. Versorge deinen Herzschmerz so liebevoll, wie du als Mutter / Vater dein Kind versorgen würdest. Höre einfach zu, nimm deine Gedanken wahr, schenke ihnen die Beachtung, die du dir selbst wünschst. Nimm dir bitte die Zeit dafür und finde versöhnende, tröstende Worte in deinen Gedanken. Bleib noch einen Moment bei dir, ganz bei dir und lies erst weiter, wenn du aufgefüllt bist, mit deiner Liebe.

Siehst du, nun hast du dir Zeit und den Weg gespart, zum Arzt, zur Apotheke und das Geld für das Medikament. Das, was es dich gekostet hat, ist die Zeit, die du dich selbst um dich kümmertest.

Ich weiß, wir kümmern uns lieber um andere. Eh wir darauf

kommen, für uns selbst zu sorgen, sorgen wir lieber für andere. Da brauchen wir uns ja auch nicht mit unseren Schwierigkeiten auseinanderzusetzen.

»Für andere weiß ich immer Rat, nur für mich selber nicht« – stimmt's?!

Sage dir:

Ja, so war es in der Vergangenheit. Egal, die kann ich nicht mehr ändern. Ab heute, ab sofort, kümmere ich mich auch um mich selber. Ich werde mich nicht mehr so lange quälen, ich werde achtsamer mit mir umgehen. Wenn ich merke, ich schaffe es nicht allein, traue ich mich um Hilfe zu bitten.

Sage dir:

Ich traue mich auch mal nein zu sagen. Ich werde nicht länger für andere funktionieren, wenn es mir nicht gut geht. In dieser Situation ist ein NEIN zu jemand anderem ein JA zu MIR selbst.

Fühl dich doch mal in dieses JA hinein! Merkst du, wie groß und stark es dich macht? JA, das fühlt sich gut an. JA, das macht Laune. JA, ich kümmere mich heute mal um mich! Und lass dir bloß kein schlechtes Gewissen einreden, von niemandem, hörst du. Denk an dein liebevolles Herz, denk an dein Kind in dir, um das du dich kümmern möchtest, jetzt sofort: Kinder können nicht abwarten! Wenn dein Kind Kummer hat, lässt du alles stehen und liegen. Wenn dein Kind versorgt ist und wieder hinaus in die große weite Welt flitzt, auf seinen Lieblingsspielplatz, sich mit seinen Freunden trifft, schaffst du

alles Liegengebliebene auch noch. Bewahre dir die Ruhe.
Ich wünsche euch beiden ganz viel Freude miteinander. Vielleicht konnte ich einen kleinen Beitrag leisten an dieser Stelle, dass ihr in Zukunft liebevoller miteinander umgeht.

Ich umarme euch beide und sende euch mein Heil und meinen Segen.

Verwirkliche dich selbst

Der Volksmund sagt ja, es gibt Menschen, die haben ein gutes Bauchgefühl. Da habe ich es auch immer gesucht, mein Gefühl, und nicht gefunden. Und dann habe ich eine Stimme gehört, die hat mich beim Namen genannt und ganz liebevoll gerufen, so etwas Liebes habe ich vorher noch nie gehört. Das kam nicht aus meinem Bauch, 100%ig nicht. Da murrt und knurrt es immer nur bei mir. Doch diese Stimme, die war so lieblich, so sanft, so zart, hmm – wie Schokolade. Also doch der Bauch! Der hat Appetit auf Schokolade? »Nein« hat diese Stimme gesagt, »ich bin es, dein liebes Herz«. Oh, das hört sich gut an, wenn du so angesprochen wirst. Da stehen alle Lauscher auf Empfang. Davon willst du mehr, glaube mir! Und das Schöne ist, diese Nahrung hat keine Kalorien, die kannst du immer und überall genießen, ganz für dich allein, und du kannst jedem was abgeben. Und... sie geht nie zu Ende! Diese Nahrung heißt: *Liebe*. Tolle Erfindung, oder?! Ich kam mir vor, als hätte ich einen Schatz gefunden.

Möchtest du auch deinen Schatz heben? Möchtest du mal in deine Schatztruhe schauen? Du hast auch eine. Ich weiß es! Und ich weiß, wo du sie findest!

Wenn du magst, begleite ich dich auf deinem Weg dorthin.

Stell dir vor, ich bin das Licht, deine Taschenlampe oder deine Kerze. Wir müssen nämlich in deinen Keller gehen. Hab keine

Angst, ich bin bei dir. Mir ist es egal, ob es hell oder dunkel ist, ich finde mich überall zurecht und bekomme vom Universum alles, was ich brauche, um meiner Bestimmung zu dienen. Wenn ich mehr Licht brauche, bekomme ich auch mehr. Also kann dir nichts passieren. Versprochen!

Wir können ja beide unterwegs singen: »Komm mit mir ins Abenteuerland…«

Wir fahren am besten mit dem Fahrstuhl runter in deinen Keller, und die letzten Stufen gehen wir zu Fuß. Wie wir das machen? Lass dich überraschen!

Stell dir vor, durch dich hindurch führt ein Fahrstuhl, durch deine Wirbelsäule zum Beispiel. Dieser Schacht geht dann bis nach oben weit in den Himmel und tief hinunter bis zum Mittelpunkt der Erde. Ich weiß, das klingt unglaublich. Es ist ja auch nur ein Bild, damit du dir vorstellen kannst, was wir jetzt beide Tolles machen.

Da *du* ja ein gutes »Bauchgefühl« hast und wir *deinen* Fahrstuhl benutzen und nicht meinen, steigen wir in deinen Bauch ein, natürlich nur sinnbildlich. Also in Höhe deines Bauches gehen wir nach hinten zur Wirbelsäule und rufen den Fahrstuhl. Dann steigen wir ein und fahren runter in deinen Keller, aus deinen Füßen heraus in das Erdreich.
Die Haltestelle Keller ist bei dir mit einem schwarzen Stern gekennzeichnet. Das fühlt sich gut an.
Warum der Stern schwarz ist?

Ich finde, Schwarz passt sehr gut, wir sind ja schließlich im Dunkeln. Schätze werden doch immer in Höhlen oder Kammern geborgen, jedenfalls unterirdisch.

Und genau dort steht deine Schatztruhe. Sie beinhaltet deine Talente, deine Fähigkeiten, die noch im Dunkeln liegen, derer du dir noch nicht bewusst bist. Hier findest du alles, was in dir steckt. In dieser Truhe liegen alle Antworten auf die Frage »Wer bin ich?«

Jetzt hast du die Verbindung zu deinen Gaben, die du in dir trägst. Die Frage »Wer bin ich?« ermöglicht dir die tiefsten Einblicke in deine Seele.

Am besten, du meditierst hier und jetzt! Lass deinen Gedanken und deinen Fragen freien Lauf.

Was kann ich am besten? Was macht mir am meisten Spaß? Was würde ich am liebsten machen?

Denke nicht an das Geld-Verdienen, das blockiert dich! Gib dich der Leidenschaft hin, die du in dir trägst, eine Leidenschaft für eine bestimmte Sache! Spüre, wie dein Herz sich mit dieser Sache verbindet, und dann lass diese Sache größer werden, größer und größer. Manchmal sind es ganz simple Dinge, die erst einmal keinen Zusammenhang ergeben. Das macht gar nichts. Auch eine Schatzkarte will lesen gelernt werden. Wir tragen erstmal alles zusammen und verbinden die Einzelheiten dann zu einem großen Ganzen.

Frage dich: *Was kann ich tun für das große Ganze? Was ist meine Bestimmung? Wie kann ich den Menschen am besten dienen? In wel-*

cher Funktion haben alle den größten Nutzen von meinem Wirken?
Was kann ich bewirken? Was ist meine Aufgabe?

Frage nicht nach dem größten Nutzen für dich, sondern frage nach dem größten Nutzen für alle.

Der größte Nutzen für alle beinhaltet den größten Nutzen für dich.

Wenn du Antworten gefunden hast auf all deine Fragen, dann tue das, was nötig ist, um es umzusetzen. Schaffe alle Voraussetzungen dafür. Wenn du dich an einem anderen Ort gesehen hast, geh dorthin! Wenn du dich in einem anderen Haus gesehen hast, wirst du es finden. Wenn du dich bei einer anderen Arbeit gesehen hast, bilde dich dementsprechend weiter. Trau dich einfach! Dein Mut wird reich belohnt. Lass alles los, was dich daran hindert, deiner eigenen Bestimmung zu dienen. Geh in deinem Tempo, aber geh! Setz dich in Bewegung.

Verwirkliche dich selbst!

Du hast dich gesehen in deinem Wirken. Und dieses Bild vergisst du bitte nie mehr, selbst wenn es noch Jahre dauert, bis dieses Bild Wirklichkeit wird. Lass dich führen von diesem Bild, lass dich leiten von diesem Bild. Dieses Bild ist dein Schlüssel zu deiner Schatztruhe.

Wenn du deine Schatzkarte nicht deuten kannst oder sie schlecht zu lesen ist für dich, dann hole dir bitte Hilfe. Es gibt inzwischen sehr viele spirituelle Wegbegleiter, die ihre Schatzkarte schon entschlüsselt haben und wissen, wie es geht.

Den Weg zu deiner Schatzkarte habe ich dir gezeigt. Jetzt, wo du weißt, wo du sie findest, kannst du jederzeit wieder allein da hingehen. Das Bild vor deinem inneren Auge ist der Schlüssel. Gehe in einer Meditation wieder in dieses Bild, hole es dir in die Erinnerung und stelle die Fragen, die du hast, wenn du ein Stück weiter gehen möchtest.

Ich wünsche dir ganz viel Freude auf deinem Weg.
Gehe ihn mit Leichtigkeit und Vertrauen. Vertraue dir selbst, dass du es schaffst, deine Bestimmung aufzuspüren. Vertraue dem Leben, dass es für dich sorgen wird und dir alles bereitstellen wird. Vertraue dem Universum, dass es dich führen wird, und dann... lass dich führen.

Lerne Zufälle (die es ja nicht wirklich gibt) zu erkennen, lausche der Stille in der Natur, lasse deine Gedanken fliegen. Höre auf den Text eines Liedes, achte auf die Themen, mit denen andere zu dir kommen, alles sind Hinweise für deinen Weg. Werde aufmerksam und gehe immer wieder in die Stille, komm zur Ruhe. Lerne die Ruhe zu genießen und ganz bei dir anzukommen.

Verbinde dich mit deinem Herzen

Wenn du deine Augen schließt, als wenn du ruhst, tief in deinem Inneren, kannst du deinen Herzschlag spüren. Dein Herz gibt den Takt an in deinem Leben. Dein Herz schlägt Purzelbäume oder kann auch hüpfen oder sich ganz klein machen. Ja, das sind unsere Gedanken zu unserem Herzen, obwohl wir alle genau wissen, dass ein Herz immer das Gleiche macht. Der Verstand ist gespeichert mit der Information, dass ein menschliches Herz einfach für uns arbeitet, unser Blut transformiert und transportiert.

Doch bleiben wir mal bei unseren Gedanken zu unserem Herzen. Wir wissen also genau, dass es nicht hüpfen kann, und trotzdem können wir es uns doch vorstellen. Wir fühlen sogar, wie es jemandem geht, dessen Herz hüpft. Er könnte verliebt sein, er könnte einen Preis gewonnen haben... Diese Wahrnehmungen verbinden wir mit Freude. Schon die Vorstellung zaubert uns ein Lächeln auf die Lippen.

Warum tun wir uns dann so schwer, unserem Herzen zu folgen, wenn wir doch so intensive Gefühle wahrnehmen können? Warum trauen wir uns nicht das zu sagen, was wir fühlen? Weil es keine Beweise dafür gibt? Weil wir uns unsere Gefühle selbst nicht erklären können? Und anderen schon gar nicht. Stimmt's?

Was sind denn überhaupt Gefühle? Wo kommen sie denn her?

Unsere Gefühle kommen aus unserem Herzen. Die Gefühle sind die Sprache unseres Herzens!

Das macht dich sprachlos, stimmt's? Diese Sprache hast du nie gelernt! Die vermittelt kein Kindergarten, keine Schule, keine Lehre, keine Arbeit, nicht mal die Volkshochschule oder eine Universität.

Was kannst du tun, wenn du die Sprache deines Herzens selbst noch nicht verstehst? Weißt du, wie schwierig es dann für jemand anderen wird, sie zu verstehen?

Was hältst du davon, wenn ich mal den Dolmetscher spiele? Wenn ich dir mal die Gefühle deines Herzens übersetze und versuche, euch beide einander ein Stück näher zu bringen?!

Wenn du Lust hast, mit deinem Herzen in Kontakt zu kommen, dann folge meinen Ausführungen einfach.

Ich atme tief in mein Herz hinein und stelle eine Verbindung zwischen meinem und deinem Herzen her. Eine Verbindung von Herz zu Herz sozusagen.
Stell sie dir vor wie eine Regenbogenbrücke. Jede Telefongesellschaft würde sich darum reißen! Das ist unseren Herzen völlig egal, sie freuen sich einfach.

Dein Herz ist so glücklich, mal wieder Besuch zu bekommen, und mein Herz ist glücklich, weil es jemand anderen glücklich machen kann. Dein Herz wird jetzt meinem Herzen erzählen, was es auf dem Herzen hat und dir gern sagen möchte. Mein

Herz übersetzt und ich stelle durch, okay? Ich wünsche dir viel Freude und Besinnung bei dieser Erfahrung.

Dein Herz sagt:

»Ich freue mich so sehr, dass du heute die Gelegenheit nutzt, mit mir Kontakt aufzunehmen. Ich starte jeden Tag mehrere Versuche, mit dir zu kommunizieren. Ich spüre genau, dass du dann unruhig wirst, weil da Informationen ankommen und du nicht weißt woher. Dann drückst du mich einfach weg und die Verbindung wird unterbrochen. Dabei habe ich dich so lieb. Ich bin auch du. Ich lebe in dir und erlebe alles, was du erlebst.

Du hast einen Kumpel oder eine Freundin, du rufst jemanden an, um deinen Kummer loszuwerden, und ich muss alles mit mir allein ausmachen. Das ist manchmal gar nicht so leicht.

Ich möchte dir gerne dienen. Meine Bestimmung ist es, dir zu dienen, dir zur Seite zu stehen, in jeder Sekunde, in jeder Minute, jeder Stunde, jeden Tag aufs Neue. Und... ich tue es gern. Wir haben damals miteinander einen Vertrag abgeschlossen, als wir Partner wurden. Einer kann ja nicht wirklich ohne den anderen sein.

Was hältst du davon, wenn wir es ab sofort mal anders machen? Ich wünsche mir, dass du dir jeden Tag drei Minuten Zeit nimmst für mich, dass wir beide etwas Schönes miteinander machen. Oder sind drei Minuten am Tag zu viel? Hältst du das aus? Drei Minuten zum Beispiel mit mir kuscheln oder schmusen oder toben oder einen Spruch lesen oder schreiben.

Ja, du kannst mir auch mal schreiben!

Was hältst du davon? Ich bin dein Herz. Ich weiß genau, wie du dich fühlst. Ich kann dich gut beraten, und du lernst dadurch, mich zu verstehen. Kaufe dir schönes buntes Papier. Ich habe es gern farbig, am liebsten jeden Tag eine andere Farbe.

Ach, bei der Gelegenheit will ich dir gleich mal sagen, wenn du immer schwarze Sachen anziehst, geht es mir gar nicht gut. Das schnürt mir immer die Luft ab, das ist auch so schwer zu tragen, ich trage lieber Gelb und Grün und…

So, und jetzt beginnst du einfach einen Brief zu schreiben, als wenn dein Herz deine beste Freundin wäre. Du kannst mir alles erzählen und dir jederzeit Rat holen. Schreibe dir ruhig erst einmal alles von der Seele. Und dann halte einen Moment inne.

Stell dir vor, du würdest diesen Brief selbst von einem lieben Menschen bekommen, der dir sehr am Herzen liegt. Lies deinen Brief jetzt noch einmal ganz in Ruhe, und dann schreibst du die Antwort so, als wenn du dieser Seele einen Brief zurückschreibst. Du antwortest ihr. Und dann wollen wir doch mal schauen, was da rauskommt. Ich verspreche dir eine Erfahrung, die deine Sichtweise verändern wird. Sei bereit für dieses Experiment. Nimm dir bitte die Zeit und mach es mal. Ich freue mich darauf.

Ich finde, das ist eine wundervolle Gelegenheit, mal wieder miteinander Kontakt aufzunehmen.

Solltest du irgendwelche Zweifel hegen, lass sie am besten gleich wieder los. Die helfen dir dabei garantiert nicht. Trau dich einfach!

Es sieht ja keiner! Du brauchst ja auch niemandem davon erzählen, was du vorhast. Tu es einfach.

Und dann kannst du davon erzählen, was du erlebt hast, wie du es erfahren hast. Und ich glaube, das wird recht amüsant. Nur zu. Ich finde, du bist manchmal einfach viel zu ängstlich und zu vorsichtig.

Ein wenig Mut gehört schon dazu zum Leben und auch zur Liebe! Also, Mutige voran, wir sind doch beide mutig, wir sind die Pioniere der Herzenssprache. Wir stehen zu unseren Gefühlen, ab heute!

Schau mal, andere lernen Fremdsprachen, die sie nur im Urlaub gebrauchen. Die Sprache des Herzens kannst du jeden Tag gebrauchen, und du kannst dich damit sogar mit anderen Herzen leichter verständigen. Erst lernst du meine Sprache und ich lehre dich die Sprache anderer Herzen. Ist das ein Angebot? Und das Schöne daran ist, dass alle Herzen dieselbe Sprache sprechen, egal welcher Nationalität. Das bekommen wir beide schon hin, ich weiß das.

Wenn du auch mal nur eine Minute Zeit hast für mich, dann ist das auch okay. Dann atmest du einmal ganz tief in mich hinein und denkst ganz lieb an mich. Schick mir einfach einen lieben Gedanken. Ich bitte dich nur, lass uns beide jetzt in Kontakt bleiben, für immer.«

Na, hättest du vermutet, dass dein Herz dir so viel zu sagen hat und dir so tolle Tipps geben kann?

Glaube mir, wenn ihr euch erst einmal richtig miteinander angefreundet habt, dann wird es noch schöner. Dann hilft es dir sogar bei deinen alltäglichen Entscheidungen.

Stell dir vor, du bist im Supermarkt, überlegst, welchen Käse du heute kaufst, und dann atmest du in dein Herz und merkst, bei welchem Käse es dir ein Lächeln auf die Lippen zaubert. Oder beim Ausgehen! Du überlegst, ob du sie oder ihn zum Tanzen aufforderst. Wenn deine Gefühle ganz ruhig bleiben, dann ja, wenn du aufgeregt wirst, dann nein.

Dein Herz spricht wirklich eine ganz eigene Sprache, eben anders als dein Verstand, und genau das ist es, eben nur anders. Eine andere Möglichkeit, das Vertrauen in dich zu erlernen

Dein Verstand folgt auch fremden Beeinflussungen, wenn er es noch nicht gelernt hat, sich abzugrenzen. Dann braucht er immer noch eine Rückversicherung oder eine Bestätigung, fragt nach: War ich gut? Reicht das? Bist du zufrieden?

Dein Herz gehorcht nur dir allein. Wenn du mit deinem Herzen in Kontakt stehst, bist du immer bei dir, ganz bei dir. Dann ist es egal, was andere sagen, dann kannst du alles andere auch gelten lassen.

Andere Menschen tragen eben andere Wahrheiten in sich. Du bleibst dir jedenfalls treu und wirst dich nicht länger verleugnen. Du hörst jetzt auf dein Herz, auf deine innere Stimme. Und du wirst dir die Zeit geben, die du brauchst, um mit ihr in Kontakt zu kommen.

Du kannst auch erst eine Nacht darüber schlafen und erst am Morgen den Kontakt aufnehmen, das ist völlig okay! Das muss nicht immer alles gleich und sofort entschieden werden. Geh in deinem Tempo! Manche Dinge brauchen ihre Zeit. Nimm dir bitte diese Zeit dafür.

Ich sende dir noch ganz viele liebe Grüße von meinem und von deinem Herzen. Sie sagen beide danke, dass du ihnen zugehört hast!

Auf eigenen Beinen standhaft stehen

Unsere Familie, unsere Bekannten und Verwandten haben uns im Laufe unseres Lebens sehr geprägt. Wir haben auch ihre Ratschläge gern angenommen und waren dankbar, sind es manchmal sogar heute noch. Sie haben uns gesagt, wie es geht, was richtig und was falsch ist, ihrer Meinung nach.

Wenn wir nun älter geworden sind, unsere eigenen Erfahrungen gemacht haben, ist es an der Zeit, selbst was zu probieren, uns auf unsere eigenen Kräfte zu besinnen und unsere eigene Meinung zu finden. Jetzt werden wir manchmal schon nicht mehr so liebevoll empfangen in unserem Umfeld. Anderen zum Gefallen geben wir dann oftmals unsere Gedanken wieder auf. Tun das, was sie für richtig halten, um sie nicht zu verärgern oder gar zu verlieren.

Und das ist genau der Punkt, an dem du dich im Grunde genommen selber verlierst, den Kontakt zu dir selber, zu deinen Werten und deinen Wahrheiten. Jetzt wird es nämlich schwierig für dich. Wenn dann eine Entscheidung ansteht und keiner da ist, der dir vorschreibt, was du zu tun hast, fühlst du dich hilflos, überfordert und wirst unruhig, kannst keinen klaren Gedanken mehr fassen.

Ich verrate dir jetzt kein Geheimnis, wenn ich dir sage, dass jeder Mensch sich irgendwann auf eigene Beine stellen wird, um standfest zu werden. Je eher du das machst, um so eher gehst du mit Leichtigkeit ins Gelingen. Die Frage, die du dir stellen solltest, lautet immer:

WAS WILL ICH?

Überlege dir, was das Ziel deines Anliegens ist. Da geht es nicht darum, auf ein Schlachtfeld zu ziehen und dafür zu kämpfen, nein, es geht darum, sich der Sache voll und ganz hinzugeben, in Liebe und in Dankbarkeit. In Liebe, weil du es dir ja selbst zuliebe erreichen möchtest, und in Dankbarkeit, weil es ja dein Beitrag zum Gelingen des großen Ganzen werden wird.

Die Schwierigkeiten, die sich dann noch ergeben, dienen im Grunde genommen nur dazu, dir zu zeigen, was es noch zu tun gibt. Das heißt also, da will dich niemand daran hindern, deinen Weg zu gehen, sondern stellt einfach nur Hinweisschilder auf, dass du weißt, worauf du noch achten darfst.

Und da stellt unsere Familie und unser Bekanntenkreis die besten Lehrmeister zur Verfügung. Jeden Zweifel, den du zu hören bekommst, jedes Desinteresse und Unverständnis dient nicht dazu, dich abzubringen, sondern prüft dich in deinem Standvermögen, testet dich schon mal in deiner Entschlossenheit. Auch dafür solltest du dankbar sein, lieber noch in der Familie mal eine Prüfung nicht bestehen als in der Öffentlichkeit.

Wenn du im vollen Bewusstsein deiner Seele handelst, in Liebe, zum Wohle aller Beteiligten, kannst du nichts verkehrt machen und niemanden verlieren, der zu dir gehört.

Wenn du das erkannt und verinnerlicht hast, hat das Leben eine Chance, durch dich zu fließen. Dann bist du auf deinem Weg. Und da stehen dir alle Möglichkeiten offen. Das Leben bietet dir immer eine zweite Chance. Nicht um zurückzugehen, sondern um es noch mal anders zu gestalten. Und auf alle Fälle vorwärts zu gehen, nicht an alten, verbrauchten Energien festzuhalten, sondern dich zu öffnen, tief in deinem Herzen etwas anderes zuzulassen.

Trau dich, in Liebe *deinen* Weg zu gehen, das zu tun, was *dir* wichtig ist. Es ist *dein* Beitrag zum Gelingen des großen Ganzen. Es ist *deine* Energie, die du aussendest in das ganze Universum. Je klarer und liebevoller sie ist, umso mehr wird sie für uns alle bewirken, vor allem für dich.

Gib all deine Gedanken und die Menschen auf, die dich davon abhalten wollen. Lass ihre Abwehrhaltung, ihre Negativität, ihr begrenztes Vorstellungsvermögen, ihren Pessimismus bei ihnen. Öffne dich für die Liebe in dir, lass dein Herz erblühen, stell dir das Schönste und Beste vor für dich und für alle anderen und handle danach. Alles, was du dir vorstellen kannst, kannst du auch selbst erschaffen. Jeder ist der Schmied seines eigenen Glückes. Jeder ist der Schöpfer seines eigenen Lebens.

Du weißt nicht, was eine andere Seele sich vorgenommen hat in diesem Leben. Lass die Worte und die Taten, die jemand anderes wählt, unbewertet bei ihm. Überprüfe in Ruhe, ob sie deinen Werten, deinen Worten und deinen Taten entspricht. Wenn ja, geht ihr gemeinsam ein Stück des Weges, und wenn nein, geht ihr einfach wieder getrennte Wege. Lass jedem das Seine und stehe du zu dir, bleib du dir selber treu.

Ich wünsche dir dabei viel Schaffenskraft und gutes Gelingen!

Platz für persönliche Notizen:

Beantworte dir selbst folgende Fragen:

Was will *ich*?

Welche Werte sind *mir* wichtig?

Öffne dich für die Liebe

Das Leben hält eine unbegrenzte Fülle von allem für uns bereit. Es ist alles schon da, was wir brauchen. Wie eine Quelle fließt das Leben unaufhörlich, entweder an uns vorbei oder durch uns durch. Das haben wir ganz allein in der Hand.

Und genauso ist es mit der Liebe. *Die Liebe* hält eine unbegrenzte Fülle für uns bereit, sie ist schon da, mehr, als wir brauchen. Wie eine Quelle fließt die Liebe unaufhörlich, entweder an uns vorbei oder durch uns durch.

Öffnest du dein Herz, wirst du wahrnehmen, dass du selbst die Quelle bist. Die Quelle des Lebens und die Quelle der Liebe und die Quelle von allem, was ist. Alles, was du wahrnimmst, alles, was du erlebst, alles, was zu dir gehört, hast du selbst erschaffen. Es gibt nichts in deinem Sein, was du nicht eingeladen hast in dein Leben.

Dennoch gibt es einiges in deinem Sein, was sich noch nicht so gut anfühlt. Das ist der Teil von dir, der noch nicht in Liebe lebt. Gibst du die Liebe in diesen Bereich hinein, beginnt er zu heilen.

In diesem Lebensbereich hast du einfach mehr Liebe gegeben, als du genommen hast. Dadurch ist ein Ungleichgewicht entstanden. Indem es dir jetzt bewusst geworden ist, kannst du dich selbst wieder in diesen Kreislauf integrieren.

Gib dein Märtyrerdasein auf! Opfere dich nicht länger für andere! Biete dich nicht länger als Opfer an! Befreie dich von deinen Schuldgefühlen! Du hast keine Schuld!

Es gibt gar keine Schuld. Es gibt nur Schuldgefühle, die uns andere irgendwann mal eingeredet haben. Und weil wir ihnen mehr vertrauten als uns selbst, haben wir ihnen geglaubt. Mit jedem Schuldgefühl, das wir irgendwann integriert haben, ist unser Selbstwertgefühl weniger geworden. So wurden wir klein gehalten, damit der andere sich groß fühlen kann.

Es ist egal, ob du das auf der Beziehungsebene erfahren hast oder auf der gesellschaftlicher Ebene. Es hat dich in die Abhängigkeit geführt, die du in diesem Leben erlösen möchtest.
Um aus dieser Abhängigkeit herauszukommen, gilt es anzuerkennen, dass wir uns gegenseitig nur diesen Übungsplatz geboten haben, um uns zu befreien.

Vergib dir selbst dein Verhalten, vergib dir deine Wut, vergib dir deine Ängste, vergib dir...
Vergib dir alles, was du je an dir zu bemängeln hattest und immer noch hast. Schließe Frieden mit dir, mit deinem Leben, mit deinem Schicksal.

Erkenne an, wie groß und stark du wirst durch diese Erlösung! Erfreue dich daran, was du schon alles geschafft hast in deinem Leben. Halte dir vor Augen, was du schon alles erreicht hast! Geh in die Liebe! Hol die Liebe in dein Leben, lass deine Quelle wieder sprudeln!

Lass es nicht mehr zu, dass jemand deine Quelle anzapfen kann oder gar stilllegt, nicht mal mehr du selbst. Lass sie fließen und fließen, für dich selbst und für alle anderen. Achte ab heute darauf, dass du dein Herz auch öffnest, um von anderen Quellen versorgt zu werden. Das Geben und das Nehmen wollen ins Gleichgewicht gebracht werden. Warte geduldig ab, bis genauso viel Liebe zurückgekommen ist, wie du ausgesendet hast, oder mehr.

Vorher gibt es keine Liebe mehr von dir. Du hast ja genug in dir, *du* bist nicht mehr auf die Liebe im Außen angewiesen. *Du* hast alle Zeit der Welt. Kommt nichts zurück, lass dir selbst wieder deine Liebe zukommen, tue das, was dir Freude macht. Dann machst du das eben allein. Du kannst niemanden zu seinem Glück zwingen.

Mit der Liebe ist es wie mit dem Geld. Du kannst dein Geld auch alleine ausgeben, oder? Sachen für dich kaufen! Sicher, es macht auch Spaß, andere zu verwöhnen und zu versorgen. Und trotzdem ist es wichtig, auf den Ausgleich zu achten. Sonst produzieren wir bei dem anderen Schuldgefühle. Irgendwann hat er das Gefühl, seine »Schuld« sowieso nicht mehr zurückzahlen zu können, und dann geht er oder sie. Derjenige, der zurückbleibt, denkt sich: Ich hab doch alles für... getan! Und versteht die Welt nicht mehr.

Geld oder Liebe, energetisch ist das genau das Gleiche. Du kannst den anderen »erdrücken« und wirst selbst dabei »verhungern«, weil bei allem im Universum für Ausgleich gesorgt wird.

Ein gesundes Maß zu finden, das gilt es hier. Ausgleich zu bekommen, das dauert manchmal auch etwas. Dann bitte ich dich, Selbstdisziplin zu trainieren und wenn nichts kommt, die Konsequenzen zu ziehen, dir selbst zuliebe. Auch das ist Liebe! Selbstliebe! Damit ermöglichst du dir wieder seelisches Wachstum und der anderen Seele auch.

Eine Seele, die sich in diesem Leben vorgenommen hat, sich aus Abhängigkeiten zu befreien, wählt immer den Weg des Leids. So eine Seele wie du hat sich dazu eine sehr sehr hohe Leidensgrenze erschaffen. Gib dein Leid auf! Entscheide dich jetzt für die Freude!

Werde zum Sieger, ohne zu kämpfen! Siege über dich selbst!

Erfreue dich an deinem wahren Wert, den du heute erkannt hast! Erfreue dich an der Liebe, die du heute für dich selbst entdeckt hast. Schau in den Spiegel und lächle dich an, verliebe dich in dich selber! Und du wirst sehen, je glücklicher du dich selbst machen kannst, umso unwichtiger wird es, ob jemand anderes dich glücklich macht. Dann kannst du geduldig abwarten und in Ruhe entscheiden, ob er oder sie die Richtigen sind. Denn ab heute weißt du, jeder ist selbst für sein Glück verantwortlich und wird danach handeln.

Treffen zwei Menschen aufeinander, die selber wissen, wie sie sich glücklich machen können, stellen sie keine Erwartungen mehr an den anderen. Sie können den anderen so sein lassen, wie er / sie ist. So kann ein Partner zu einer wahren Bereicherung werden.

Ich wünsche dir viel Freude mit deiner neuen Lebenseinstellung, deinem neuen Lebensgefühl!

Verbinde dich mit anderen Herzen

Deine Lebensenergie ist die Liebe. Du bist aus purer Liebe gemacht. Das ist dein ursprüngliches Sein. Die Energie der Liebe trägt und führt dich. Öffnest du dein Herz ganz weit für die Liebe, stellst keine Bedingungen mehr, bist du bereit, alles zu empfangen, was in dein Leben kommt. Dann kann die Energie des Lebens durch dich fließen. Durch dich hindurch, um dich zu heilen und um sich auszubreiten auf dieser Welt.

Jedes Mal, wenn das, was du denkst, liebevolle Gedanken sind, wenn du für das, was du sagen möchtest, liebevolle Worte findest, und immer, wenn du in Liebe handelst, erzeugt deine Liebe einen Sonnenstrahl für diese Welt.
Er wirkt in dir und heilt dich, heilt deine Verletzungen, deine Erinnerungen. Und er ist auch das Licht, das du aussendest, hinaus in die Welt. Je mehr Licht und Liebe du aussendest, umso mehr Licht und Liebe wirst du empfangen.

Je mehr Menschen diese Möglichkeit als wertvoll und lebenswert erkennen, umso mehr Licht und Liebe können wir Mutter Erde zur Verfügung stellen und umso mehr kann sie uns dafür bieten.

Auf diese Weise können wir jeden Tag etwas für uns selbst und für die Evolution der Menschheit tun.

Erweitere dein Bewusstsein und halte mehr für möglich! Überdenke deine Möglichkeiten von neuem! Lebe deine Wahrheit!

Begegne deiner geistig-spirituellen Kraft aus dem ALL-EINEN!

Warum beschränken wir unsere Liebe und unser Licht auf unsere Familie? Gehören nicht alle Menschen zu unserer Familie? Sind wir nicht alle eine Familie? Sind wir nicht alle aus dem gleichen Material? Wie wären sonst Organtransplantationen möglich?

Halte es doch mal für möglich, dass du mit allen Menschen dieser Welt zu einer großen Familie gehörst. Merkst du, wie dein Herz sich öffnet? Merkst du, wie belanglos mit einem Mal die Meinungsverschiedenheiten zu Hause werden? Merkst du, wie viel Kraft in dir freigesetzt wird, wenn du nicht mehr allein die Verantwortung trägst für ein Kind oder einen kranken Elternteil?

Nimm deinen Platz ein, trage *deinen* Teil der Verantwortung für das große Ganze! Achte selbst auf *deinen* bewussten Umgang mit Nachbarskindern oder älteren Leuten auf der Straße!

Könnten deine Arbeitskollegen/innen nicht auch deine Brüder oder Schwestern sein? Auf einmal fühlt es sich ganz anders an, stimmt's?
Öffne dein Herz für neue Wahrnehmungen! Überdenke deine Überzeugungen!

Solange jeder Einzelne denkt, er muss alles allein hinbekommen, wird er sich quälen. Diese Menschen fühlen sich einsam und ungeliebt. Dabei isolieren sie sich selbst! Sie sind nicht bereit, anderen ihre Liebe und ihr Licht zur Verfügung zu stellen, oder machen es von irgendwelchen Bedingungen abhängig.

Sie wollen nicht teilen, nichts davon abgeben. Sie sagen: »Wer weiß, wann ich das selber noch brauche!«

Sie halten ihre Liebe und ihr Licht fest, können nicht loslassen, haben Angst vor Veränderungen. Sie merken gar nicht, wie sie immer mehr ansammeln (in den Schränken, Schubfächern, Kellern). Irgendwann sind sie so zugemüllt, weil sie lieber an ihrem Hab und Gut ersticken, als andere teilhaben zu lassen. Sie selbst tun nichts für andere, ohne ihren eigenen Vorteil zu sehen.

Dabei sind das Licht und die Liebe einfach Energien, die universell ausgeglichen werden. Das heißt, je mehr ich davon aussende, ohne es an eine Bedingung zu knüpfen, umso mehr kommt zu mir zurück. Ich spreche hier ganz bewusst nicht vom Geben und Nehmen, sondern vom Senden und Empfangen!

Geben kann ich nur den Seelen, die ich persönlich kenne. Senden kann ich in das ganze Universum, sogar in alle Universen, ohne zu beeinflussen, wo es hingeht. Ich trage nur Verantwortung für das, was ich aussende, und vertraue dem Universum, genau das zu bekommen, was ich gerade brauche. Ist das nicht eine geniale Variante des Energieausgleichs?

Das funktioniert übrigens mit negativer Energie genauso wie mit positiver Energie. Auch da bekommst du genauso viel zurück, wie du aussendest. Wenn du also von Krankheiten geplagt bist, von Neid und Missgunst betroffen bist, gemobbt wirst, solltest du vielleicht mal bewusster auf *deine* Worte achten, die *du* aussendest. Solange *du* an anderen etwas auszusetzen hast, haben andere auch immer noch etwas an dir auszusetzen. Solange du über andere tratschst, wird auch über dich geredet. Hörst du auf damit, dauert es nicht lange und du hast deine Ruhe!

Genauso ist es mit der Energie der Wahrheit. Solange du lügst, wirst du angelogen! Führst du jemanden bewusst hinters Licht, wirst du selbst betrogen! Nimmst du jemandem etwas weg, wirst du selbst bestohlen! Schon der Volksmund sagt: »Was ich selber denk und tu, trau ich auch dem anderen zu!« Energetisch kann ich da sogar noch einen drauf legen: »Was ich selber denk und tu, kommt garantiert auf mich auch zu!«

Deshalb kannst du auch aufhören mit Vergeltung. Jede Rache, die du aussendest, kommt ja sowieso wieder zurück zu dir. Du schadest dir ja letztendlich selbst. Vielleicht kommt es in anderer Form (von jemand anderem) wieder, jedoch immer mit gleichem Inhalt oder sogar mehr davon... Das ist der Kreislauf des Unbewussten.

Diesen Zusammenhang hast du noch nie wahrgenommen! Dich vielleicht einfach nur gewundert, was da in dein Leben kam! Jetzt habe ich es dir bewusst gemacht, und jetzt hast du die Chance, den Zusammenhang zu erkennen und es zu ändern! Jetzt wird es dir gar nicht mehr möglich sein, so zu handeln, weil du ja schon weißt, wie es enden wird.

Krankheiten sind ja ein beliebtes Thema. Jede Krankheit ist eine

Energieblockade, eine chronische Energieblockade. Deine Seele hat dir also schon vorher viele Signale gesendet, die du übergangen hast. Da du nichts an deinem Verhalten geändert hast, bist du ernsthaft krank geworden. Der Arzt kann den Körper wieder in Ordnung bringen, soweit es möglich ist. Manchmal bleiben Narben oder sonstige Erinnerungen.

Wenn du dir jedoch den seelischen Hintergrund nicht bewusst machst und ihn ausgleichst, sucht sich die Krankheit wieder einen anderen Weg! Manche Seelen gehen sogar lieber von dieser Welt, als dass sie etwas ändern würden in ihrem Denken und Handeln.

Die Seele wird immer versuchen, dich darauf aufmerksam zu machen, welche Energie bei dir noch nicht im Gleichgewicht ist. Dein Körper ist wie ein Hausaufgabenheft in der Schule. Da werden die Aufgaben angezeigt, die du bitte erledigen möchtest, damit du das nächste »Schuljahr« (das nächste Lebensjahr, den nächsten Lebensabschnitt) absolvieren kannst. Jede Krankheit hat immer einen seelischen Hintergrund.

Wenn also eine Seele immer fleißig ihre Hausaufgaben erledigt, könnte es ihr mit dem Alter immer besser gehen. Denn ein bestimmtes Alter ist erst einmal nötig, um sich einen bestimmten Erfahrungsschatz zuzulegen. Und das wiederum kann recht unterschiedlich sein. Meistens kommen die Menschen in der zweiten Hälfte ihres Lebens zur Besinnung und sind bereit, selbst etwas zu tun für sich.

Bei anderen stellt es sich schon in der Mitte ihres Lebens ein, und Seelen, die in den 80er Jahren inkarniert sind und später, da kommt die »Erleuchtung« schon, wenn sie zwischen 20 und 30 Jahren alt sind. Wir werden also wunderbare Lebenslehrer haben, die den älteren Zeitgenossen ein wenig auf die Sprünge helfen können.

Das Universum ist so einzigartig. Es spürte schon vor zig Jahren, dass die Menschen sich ein wenig ungeschickt anstellen, diesen Heilungsprozess zu gestalten, und suchte schnell Freiwillige, um hier zu helfen.

Danke, liebes Universum, danke geliebter Vater, danke liebe Mutter Erde, danke allen fleißigen Helfern aus der geistigen Welt und danke an alle Seelen, die sich auf den Weg gemacht haben zu helfen, das Licht auf die Erde zu bringen!

Platz für persönliche Notizen:

Beantworte dir selbst folgende Frage:

Was werde ich ab heute ändern, mir selbst zuliebe und allen anderen Menschen zuliebe?

Visionen meines Herzens

Die göttliche Zukunft unserer Kinder

Ich habe dieses Thema gewählt, weil ich gern einen ganz persönlichen Beitrag leisten möchte, um uns Erwachsenen das Kindsein noch einmal näher zu bringen, damit wir die Möglichkeit erhalten, unseren Standpunkt neu zu überdenken und die Fülle an Möglichkeiten, die uns die Kinder geben, bewusster wahrzunehmen.

Momentan zeichnet sich eine Entwicklung in unserer Gesellschaft ab, die uns allen nicht mehr gut tut.

Kinder verbringen Stunden vor all diesen Bildschirmen – Fernseher, Computer, Videospiele oder Kino. Sie werden geradezu vom Leben selbst abgeschirmt und abgehalten. Kaum ein Kind kann noch etwas mit sich selbst anfangen, weil wir Erwachsenen so sehr mit uns selbst beschäftigt sind, mit dem Geldverdienen, mit unserer Selbstverwirklichung, dass wir kaum noch auf die Idee kommen, den Kindern ein Vorbild zu sein und ihnen Anleitung zu geben. Selbst an älteren Kindern können sie sich kaum noch orientieren.

Ich glaube, dass kaum noch ein Erwachsener in der Lage ist, mit einem Kind Schritt zu halten, weil es uns alles viel zu schnell geht, sie sich *unserer Meinung nach* viel zu früh für Sachen interessieren, die sie *unserer Meinung nach* nichts angehen, oder weil gerade nicht der richtige Zeitpunkt ist, die Eltern damit zu konfrontieren.

Und genau darum geht es. Wenn wir Erwachsenen unsere Verhaltensmuster aufgeben könnten, sodass wir uns selbst die Chance ermöglichen, gemeinsam im Fluss des Lebens mit den Kindern zu baden, würden wir uns selbst enorm weiterentwickeln.

Wozu haben wir denn die Evolution, die Veränderung, erschaffen, wenn wir sie nicht wahrnehmen und nicht nutzen? Wir wollen den Kindern unsere Sachen näher bringen, die wir als Kind erlebt haben, gelernt haben. Ich frage euch, wozu?

Wollen wir sie wirklich die Vergangenheit lehren, weil wir selber Angst vor der Zukunft haben? Kinder kennen keine Angst, sie leben in Liebe, ganz selbstverständlich. Bis sie alt genug werden, die Ängste der Erwachsenen wahrzunehmen. In jeder Körperzelle, in der sich dann die Angst ausbreitet, ist kein Platz mehr für die Liebe. So wurden wir vergiftet mit der Angst unserer Eltern, Großeltern, Lehrer, Religionen und unzähligen Einflüsse, mit denen wir uns umgeben haben.

Wollen wir dieses Verhalten wirklich an unsere Kinder weitergeben? Ich glaube, wenn wir selbst einen Weg finden, die Angst zu beherrschen, hat die Angst keine Chance mehr, uns zu beherrschen. Und das macht der Angst so richtig Angst. Das könnt ihr mir glauben. Die wird meutern, die wird meckern. Die wird sagen: *Was willst du hier? Ich bin schon viel länger hier. Das ist mein Platz. Was will die Liebe hier? Du wirst mir zu groß, zu stark, zu selbstbewusst.*

Ist es nicht genau das, was uns daran hindert, den Kindern mehr zuzutrauen? Genau das macht uns nämlich Angst. Wir haben Angst, dass sie zu groß und zu stark werden. Größer und stärker, als wir es selbst sind. Dabei werden wir genauso wachsen und stärker werden wie unsere Kinder, wenn wir es ihnen nur ermöglichen. Wir wachsen mit ihnen und werden mit ihnen stärker.

Dazu brauchen wir nur ein wenig Mut, Mut zu Veränderungen im Denken, im Handeln und im Wirken. Die Vorstellungskraft wird uns führen, in eine göttliche Zukunft. Unsere Kinder haben diese Vorstellungskraft. Machen wir sie uns zunutze. Vertrauen wir auf die Fähigkeiten unserer Kinder. Haben wir Vertrauen in uns, dass wir es schaffen, neue Wege zu gehen, haben wir Vertrauen in das Leben, dass es uns voranbringen wird, haben wir Vertrauen in uns, dass wir alles erschaffen können, was wir uns vorstellen können.

Ich kann mir vieles vorstellen: eine Gesellschaft ohne Angst, ohne Schuldgefühle, ohne Verlierer und ohne Konkurrenzdenken.

Sicher wird es immer wieder Seelen geben, die von ihrem Weg abkommen, müssen wir sie dafür auslachen oder verurteilen? Können wir ihnen nicht einfach die Hand reichen und ihnen einen anderen Weg zeigen? Uns als Leithammel zur Verfügung stellen, sodass wir ein Stück auf unserem Weg gemeinsam gehen?

Wenn wir es im Alltag lernen und unsere Kinder lehren, dass wir eins sind mit allem, können wir auch handeln, wie es der Gott in uns tun würde.

Lasst uns die Schulen zu Schulen des Lebens machen.

Wozu das Auswendiglernen von Daten und Fakten? Das ist eine Aufforderung, die Vergangenheit wieder herzustellen. Sollen unsere Kinder und Enkelkinder wirklich alles lernen, was wir gelernt haben? Wollen wir in der Zukunft keinen Fortschritt an neuen Technologien zulassen? Warum sind wir denn wieder der Atomkraft zugewandt? Weil noch keine Alternative bereit steht, weil über Generationen dasselbe Wissen vermittelt wird. Wollen wir unseren Kindern das nicht ersparen? Wollen wir sie nicht lieber ermutigen, Schöpfer ihres Lebens zu werden?

Das Kopieren einer Sache bringt keine Entwicklung, kein Wachstum. Das Erschaffen geschieht auf einer ganz anderen Ebene. Dazu müssen wir den Kindern lehren, wer sie wirklich sind, wie kraftvoll sie sind. Kreativität und Schöpfung geschieht von innen heraus, nicht auf ausgetretenen Pfaden. Lasst uns die Kinder ermutigen, zu ihrer eigenen Weisheit zu finden, ihre eigene Wahrheit zu entdecken und ihre eigene Wahrhaftigkeit zu formen.

Befreien wir den Geist der Kinder von den Ketten der Vergangenheit, verbinden wir ihren Geist mit ihrer Seele und mit ihrem Körper, damit sie diese Einheit erfahren können, leben können, sich entfalten können, im vollen Bewusstsein ihrer Seele.

Es ist wichtig, dass wir ihnen Vorbild sind, mehr denn je. Wenn wir uns trauen, unsere eigene Wahrheit zu erkennen und zu leben, trauen es sich unsere Kinder auch. Solange wir manipulieren, schwindeln, Geheimnisse haben, Steuern hinterziehen, lügen und betrügen, versagen wir unseren Kindern die Chance, in ihre Kraft zu finden.

Wenn wir erkennen und leben, dass wir alle eins sind, alle miteinander verbunden, egal welcher Religion, welcher Hautfarbe oder Nationalität, dann wissen auch unsere Kinder, wie es funktioniert.

Dann wissen sie, dass sie sich selbst schlagen, wenn sie jemand anderen schlagen. Dann wissen sie, dass sie sich selbst belügen, wenn sie jemand anderen anlügen. Sie werden erkennen, dass sie sich so selbst etwas vormachen.

Wenn wir zu unseren Erfahrungen stehen, können es die Kinder auch. Wenn wir erkennen, dass alles genau richtig ist, was in unser Leben kommt, um das zu erfahren, was wir uns wünschten, so können wir uns weiter entwickeln und die Kinder können sich daran orientieren. Dann brauchen sie die Angst nicht mehr. Dann erledigen sie schnell die Dinge, die es zu erledigen gilt, und können sich wieder um die Sachen kümmern, die ihnen mehr Spaß machen. So bleiben wir in der Lebensfreude, gehen unseren Weg mit Leichtigkeit.

Es hat uns als Erwachsene schon viel Kraft gekostet, zu lernen, das zu sagen, was wir denken.

Stellt euch mal vor, was möglich wäre, wenn wir es jetzt auch noch hinbekommen, auch das zu tun, was wir sagen!

Es klingt so einfach und ist so schwierig. Da werden menschliche Werte wie Ehrlichkeit, Aufrichtigkeit, Authentizität oder Hingabe gefordert. Manche Leute wissen nicht einmal, wie das geschrieben wird oder was das ist, geschweige denn, dass wir das alles integrieren können in unserem Bewusstsein. Und genau das wär's! Genau das sind die Werte, die wir unseren Kindern vermitteln können, um sie stark zu machen.

Stellt euch vor, wir würden unseren Kindern die Angst nehmen vor dem Versagen. Wir würden ihnen sagen, dass sie nichts verkehrt machen können. Wisst ihr, wie experimentierfreudig unsere »Geister« sein würden? Was sie für Freude am Lernen bekommen würden? Natürlich werden sie auch Lesen, Schreiben und Rechnen lernen, sie würden jedoch auch lernen, diese nur als ihre Werkzeuge zu benutzen, so wie sie ursprünglich gedacht waren.

Werkzeuge für den Erschaffungsprozess, in dem die Kinder täglich wachsen können, sich entwickeln können nach ihren Fähigkeiten, unabhängig vom Alter oder Geschlecht.

Was spricht denn dagegen, eine Klasse von begabten Physikern zu unterrichten, in verschieden Altersgruppen? Erst würden die Jüngeren schauen, was die Älteren da machen. Die Älteren würden das Erklären lernen. Die Jüngeren würden garantiert gespannter zuhören, als wenn der Lehrer erzählt. Und jetzt kommt es: Durch die vielen Fragen der Jüngeren würden die Älteren animiert werden, immer weiter zu forschen, alles herauszubekommen. Sie wollen doch den Jüngeren keine Antwort schuldig bleiben, das könnt ihr mir glauben. Das wäre ein Spaß für Jung und Alt. Der Lehrer wird zum Coach, lenkt und leitet, und alles geschieht im Fluss des Lebens, auf ganz spielerische Art und Weise.

Wir haben Automessen, Kosmetikmessen, Reisemessen, alles dient dem Konsum, warum nicht mal eine Forschermesse für Kinder? Wovor haben wir Angst? Dass da jemand heranwächst, der unsere Hilfe benötigt, und wir sagen müssen, wir wissen es nicht, tut mir leid?!

Und auch da würde das Universum helfen, wenn wir uns vorstellen könnten, selbst mal die Kommunikation mit unserem göttlichen Anteil aufzunehmen. Die Kinder, die jetzt heranwachsen, sind alle mit telepathischen Fähigkeiten ausgestattet, in der Schule heißt es Lese-Rechtschreibschwäche oder Aufmerksamkeitsdefizitsyndrom. Was für ein Unsinn, das ist nur die Unwissenheit der Erwachsenen.

Diese Kinder haben mehr als zwei DNA-Stränge in ihrem System. Sie sind hellwissend. Sie wissen einfach, dass es so ist. Sie brauchen keine Beweise, sie halten sich damit nicht auf. Sie sind keine Theoretiker. Sie sind hier, um der Menschheit ihre praktischen Fähigkeiten zur Verfügung zu stellen, die sehr oft mit dem Hellfühlen verbunden sind.
Sie werden verhaltensauffällig, weil die Schwingungen in ihrem

Umfeld zu niedrig sind. Sie wählen immer Familien, in denen mehr Licht benötigt wird. Sie wollen ihre Familien aus dem Schattendasein erlösen. In ihrem Umfeld gibt es sehr oft einen strengen Elternteil, der selbst noch mit Schlägen erzogen wurde.

Deshalb macht sich eine hellwissende Seele auf den Weg. Sie will der „großen" Seele helfen, einen anderen Weg zu finden, und stellt sich zur Verfügung.

Diese Kinder sind eine Gnade für die Menschheit. Sie lehren uns das Vergeben: Diese Kinder können uns jeden Fehler vergeben. Sie glauben unermüdlich an uns. Es ist, als sähen sie nur das Gute in uns, das wollen sie fördern.

Diese Kinder wollen zur Schule gehen, sie wollen lernen. Sie selbst sind jedoch auch kleine Lehrer.

Wir Erwachsenen denken, das kann doch nicht sein. Wir können uns doch von so einem kleinen Wesen nicht sagen lassen, was es lernen möchte, nicht wahr? Wo kommen wir denn da hin?

Ich sage euch, wenn wir das bloß zulassen würden! Diese Kinder haben uns sooo viel zu geben. Klar ist es anstrengend, wenn ich nicht mithalten kann, wenn ich diesem Kind nicht so schnell folgen kann. Das macht aber nichts, gar nichts, glaubt es mir. Ganz im Gegenteil. Wir werden uns ganz schnell weiterentwickeln. Wir lieben doch unsere Kinder, wir tun es ihnen zuliebe.

Die Zeit und die Liebe sie zu verstehen, die Zuwendung brauchen nicht diese Kinder, sondern wir! Wir sollten uns die Zeit nehmen und diese Kinder in den Arm nehmen, um sie zu fühlen, um ihre Energien zu fühlen. Wir können von ihnen lernen. Setzt euch neben sie, wenn sie lernen, schaut zu, wie sie lernen. Lest ihnen vor und hört zu, was sie lesen. Sie lesen nicht falsch. Sie verstehen den Sinn und lassen Unwichtiges weg, das sie nur ablenkt. Sie ergänzen, was fehlt. Welch eine Gabe! Kein Erwachsener kann ihnen das beibringen, das bringen sie schon mit auf die Erde.

Aus den Erfahrungen mit diesen Kindern könnten wir ganz neue Schulbücher fertigen. Sie tragen einen völlig anderen, einfacheren Weg in sich, um ans Ziel zu kommen.

Authentische Kinder tragen sogar bis zu zwölf DNA-Stränge in sich. Jedes Chakra hat seinen eigenen. Sie sind fast lebensunfähig in unserer Umgebung, werden isoliert. Statt dass wir uns mal in ihre Welt hineinbegeben würden. Sie sind hier, um ihre Umgebung schwingungsmäßig zu erhöhen. Wir sind diejenigen, die die Zeit brauchen, damit klarzukommen.

All diese Kinder leben mit der rechten Gehirnhälfte, sie folgen einfach ihrem Herzen, ohne Wenn und Aber. Sie leben ein spirituelles Leben, ein sehr kreatives. Sie lernen erst mit sechs oder sieben Jahren ihre linke Gehirnhälfte zu benutzen. Dabei stellen sie sich genauso ungeschickt an wie ein Erwachsener, der nichts mit seiner rechten Gehirnhälfte anfangen kann. Und jetzt kommt es!

Da der Papa oder die Mutti oder die Lehrer die rechte Gehirnhälfte ablehnen, die spirituelle Kraft ablehnen, lehnt das Kind es ab, den Verstand zu benutzen, weil für alles im Leben für Ausgleich gesorgt wird, selbst in den Familien.

Das bedeutet, wenn wir Erwachsenen uns für die Spiritualität öffnen, öffnen sich diese Kinder für verstandesmäßige Lösungen. Alle Beteiligten würden sich weiterentwickeln und von einander lernen.

Also liebe Eltern, liebe Lehrer, gebt eure Strenge auf, nehmt euch die Zeit, diese Kinder zu begrüßen auf dieser Welt, und werdet ein Teil von ihnen. Sie sind gekommen, um uns das zu geben, was hier noch fehlt. Seid bereit diese Kinder als Lebenslehrer zu akzeptieren. Dann werden sie euch auch als Lehrer des Verstandes akzeptieren. Sie wollen sich ja auch weiterentwickeln. Sie werden auch von euch lernen, genauso viel, wie ihr bereit seid, von ihnen zu lernen.

Das Leben selbst ist der größte Lehrer, mit all seinen Konsequenzen.

Lernen ist ein Prozess, bei dem sich die Seele einfach erinnert. Egal, was du brauchst, du wirst dich erinnern, wenn du es brauchst, um das Leben ins Funktionieren zu bringen, wenn du es zulässt. Solange wir vorgegeben bekommen, was wir zu tun und zu lassen haben, wird diese Fähigkeit nicht gebraucht, sie versiegt irgendwann.

Das heißt, solange wir unseren Kindern Vorschriften machen, sie kontrollieren und bestrafen, bleibt zum einen die Liebe und die Freude auf der Strecke und zum anderen die Fähigkeit, sich zu erinnern, sich zu entwickeln, selbst etwas auszuprobieren.

Dann ziehen sich die Seelen immer mehr zurück, vereinsamen,

haben immer weniger Freunde. Macht ihnen vor, wie man Freunde gewinnt. Lehrt sie, alle Menschen, alle Orte, alle Dinge zu ehren und zu achten, einander zu helfen, einander zu akzeptieren, vor allem dann, wenn jemand einen Fehler gemacht hat. Auch das ist einfach nur eine Erfahrung, die diese Seele sich gewünscht hat, weil sie sich weiterentwickeln möchte. Jeder ist es wert, geliebt zu werden. Wenn wir das hinbekommen, unseren Kindern in dieser Beziehung als Vorbild zu dienen, werden sie sich vorstellen können, fast jeden zum Freund zu haben. Welch eine Bereicherung für unsere Kinder!

Und dann erfahren sie noch, dass genug Freunde für alle da sind, dass von allem genug da ist, was sie brauchen zum Glücklichsein. Und da sie dann so viele Freunde haben, werden sie erleben, wieviel Freude sie bekommen. Sie werden einfach nur glücklich sein, indem sie andere durch ihre Freundschaft glücklich machen. So wird die Liebe wachsen und gedeihen, auf allen Ebenen.

Und ihr allerbester Freund wird das Leben sein, weil es nie ein Ende hat. Diese Freundschaft wird nie gekündigt. Versteht ihr jetzt, warum freudige Gedanken, freudige Menschen so wichtig sind, für uns und vor allem für unsere Kinder? Für das Vertrauen, für das Verständnis, für das Mitgefühl und die Wertschätzung des Lebens?

Dieser Beitrag sollte mein Appell an alle Erzieher sein, zu Hause, in der Schule und im Leben, um unsere Zukunft gemeinsam mit unseren Kindern neu zu überdenken.

Der verstorbene Kinderpsychologe Dr. Haim Ginott meinte einmal:

»Jeder Lehrer ist in erster Linie ein Lehrer der Menschlichkeit und erst danach ein Lehrer seines Faches.«

In diesem Sinne wünsche ich unseren Kindern die Chance, eine Zukunft nach ihren Vorstellungen zu erschaffen.

Gebt für unsere Kinder die alten ausgetretenen Pfade, die alten Geschichten, die alten Gewohnheiten und alten Rechtfertigungen auf.

Ermöglicht ihnen eine neue wunderbare Vision von dem, wer sie wirklich sind.

Ermöglicht ihnen die Fülle des Lebens, die für sie bereit steht.

Platz für persönliche Notizen:
Halte für dich fest, was du in deinem Umgang mit Kindern verändern möchtest

Meine Vision von dieser Welt

Meine Vision ist die Liebe, ist die Freude und der Frieden für diese Welt.

Ich möchte gern wieder mehr Liebe auf diese Welt bringen. Ich möchte dazu beitragen, dass sich niemand allein fühlt. Ich rufe jeden auf, in der Liebe zu leben, egal auf welchem Weg du dich gerade befindest. Du hast immer die Chance, einen anderen Weg zu wählen. Der Weg der Liebe birgt das Gelingen in sich. Wenn dir etwas nicht gelingt, bist du nicht in der Liebe.

Ich möchte, dass jeder, der sich allein fühlt, sich wieder verbindet mit seinem Sein. Dass er sich besinnt, welch wunderbare Möglichkeiten dieses Leben ihm bietet. Du kannst natürlich geduldig warten, bis deine Zeit abgelaufen ist. Du kannst genauso die Zeit für dich nutzen und sagen, *ja, ich bin dabei – mal sehen, was der Tag mir heute Schönes bringt*. Nimm das Leben mit all deinen Sinnen wahr.

Geh hinaus an die frische Luft, erfreue dich an der Natur, lächle die Menschen an, denen du begegnest. Schmiede neue Pläne, habe Visionen, verwirkliche sie, tue, was dafür nötig ist. Und du wirst dich wundern, wie sich deine Gefühlslage ändert. Halte den Kopf aufrecht, schau den Menschen in die Augen.

Was auch immer in deinem Leben geschieht, habe die Gewissheit, dass nichts geschehen kann, was dich nicht weiterbringt. Jede Veränderung ist ein Schritt vorwärts. Manchmal gehen wir sogar viele Schritte auf einmal. Bleib am Ball, bleib an Bord, du bist nicht allein. Du fühlst dich nur solange alleine, wie *du* dich abtrennst von den anderen. Mach *du* den ersten Schritt, sag, ich bin dabei. Beklage dich nicht über irgendwelche Unzulänglichkeiten, sondern sieh zu, was *du* einbringen kannst. Jeder ist einzigartig. Besinne dich deiner Talente und Fähigkeiten und stelle sie auch den anderen zur Verfügung. Und dann erkennst du selbst wieder ihren Wert.

Ich weiß, wovon ich rede. Jahrzehntelang habe ich gedacht, meine Gaben seien es nicht wert, zur Verfügung gestellt zu werden. Ich dachte, es gibt viele andere, die es viel besser können als ich. Ich habe meine Fähigkeiten als Hobby ausgelebt.

Als ich dann ein paar Umstände in meinem Leben geändert habe, bin ich regelrecht erblüht, wie eine wunderschöne Blume. Noch heute bin ich von ihrer Schönheit beseelt. Sie erstrahlt immer mehr, wird immer mehr von dem Licht angestrahlt und strahlt selbst immer mehr Licht aus.

Ich bin so dankbar, dass das Universum mich durch meine spirituellen Wegbegleiter so geführt hat. Es kam wirklich immer jemand in mein Leben, der mich wieder ein Stück weiter geführt hat.

Ich weiß jedoch auch, dass nichts geschehen wäre, wenn ich resigniert hätte.

Ich wollte etwas verändern! *Ich* wollte es leichter haben! *Ich* wollte mich nicht mehr so quälen! *Ich* habe mich auf den Weg gemacht!

Und genau diesen Willen, diese Kraft wünsche ich jedem Einzelnen. Höre auf dein Herz. Wenn es irgendetwas in deinem Leben gibt, was *du* verändern möchtest, dann *tu* es bitte. *Tu du* es, und warte nicht länger darauf, dass jemand anderes etwas ändert. Trau dich!

Geh in die Freude. Mache Dinge, die dir Freude bereiten. Durch die Freude kommt die Leichtigkeit zu dir. Wir werden uns nicht länger quälen, wir werden nicht länger leiden. Wir werden leben und lieben zu jeder Zeit. Alles, was wir mit Freude angehen, geht ins Gelingen. Die Freude ist wie ein Garantieschein für das Leben. Ist dein Herz voller Freude, geht nichts »kaputt«. Es geht um das freudvolle Erfahren aller Lebenssituationen. Eigne es dir an und habe Spaß am Leben.

Schließe Frieden mit dir selbst und mit allen Menschen, mit denen du noch im Clinch liegst. Du kannst alles vergeben, du musst es nur tun. Und dann lass es los. Es gibt nichts, was du nicht vergeben kannst.

Stell dir vor, du bist eine Seele, die sich überhaupt erst vorgenommen hat, die Vergebung hier auf Erden zu erfahren. Wie wolltest du das erledigen, wenn nicht andere Seelen dir schreckliche Dinge antun? Vielleicht waren die ersten Erlebnisse dazu gar nicht so schrecklich. Dann hast du dich nicht erinnert, dass du die Vergebung erfahren wolltest, und warst beleidigt, hast geschmollt. Und dann hat das Universum gedacht, okay, dann müssen wir ein paar »Kohlen« drauf legen, damit sich die liebe Seele wieder erinnert. Und... du hast dich noch nicht erinnert. Und dabei geht es bestimmt nicht um ein einzelnes Erlebnis, sondern ich spreche hier von Erlebnissen über Jahre oder Jahrzehnte.

Wirst du dir bewusst, dass die Energie immer heftiger werden musste? Sonst hättest du dich doch wieder nicht erinnert. Und irgendwann wärst du so vergrämt, dass gar nichts mehr geht. Dann sagst du tschüss und gehst von dieser Welt. Nur weil du zu stolz warst, das Vergeben zu trainieren? Nein, das macht doch keinen Sinn.

Lege los. Geh spazieren und lass alle Gedanken fließen, lass alle Erinnerungen aufsteigen, und du vergibst und vergibst, stundenlang, tagelang, immer wieder, alles und jedem, der dir in den Sinn kommt. Und dann bist du frei. Du kannst wieder durchatmen. Du fühlst dich zehn Kilo leichter, soviel Ballast hast du abgeworfen.

Und jetzt brauchst du auch keine Angst mehr zu haben vor neuen Erfahrungen diesbezüglich. Du weißt doch jetzt, wie es geht, dann erledige es gleich. Geh schon in Frieden wieder nach Hause, sollte es mal wieder soweit sein.

Es ist ganz wichtig, dass jeder seinen Frieden findet. Wie wollen wir den Frieden auf die Welt bringen, wenn wir es nicht mal schaffen, Frieden in uns selbst zu finden.

Frieden ist eine Energie, die sich entwickelt, die sich ausbreitet. Erst ist sie ganz klein, in einem selbst. Hat jemand Frieden mit sich geschlossen, kann er auch in der Familie oder bei der

Arbeit Frieden stiften. Er kann vermitteln, er kann von seinen eigenen Erfahrungen berichten und die Menschen dahin begleiten.

Ich glaube, wir haben viele Friedensstifter unter uns. Diese können so gelassen und so ruhig bleiben, dass es manch andere kaum aushalten können. Diese Vermittler haben hervorragende Fähigkeiten, sind sich derer oftmals nur nicht bewusst. Genau solche ruhigen Zeitgenossen brauchen wir, als Friedensmissionare. Sie sind eine Gnade für die Menschheit.

Frieden hat auch immer etwas mit Ausgleich zu tun. Da gibt es etwas auszugleichen, energetisch ins Gleichgewicht zu bringen. Deshalb ist es wichtig, dass diese Menschen sich ihrer Begabung bewusst werden und sich zur Verfügung stellen, ganz bewusst!

Die Welt bietet so viele Möglichkeiten, seinen Beitrag zu leisten, für jeden Einzelnen. Öffne dich dafür!

Stell dir vor, es gäbe eine Welt ohne Grenzen. Ohne Grenzen an Möglichkeiten und ohne Grenzen zwischen den Ländern.

Hast du schon mal darüber nachgedacht, was Grenzen bewirken? Sie schränken unser Handlungsvermögen ein.
Was meinst du, warum es für alles so schwierige Vorschriften gibt? Stell dir vor, die Menschen hätten die Freiheit, arbeiten zu gehen, was sie wollten. Ich glaube, du hast keine Ahnung, wie motiviert alle wären, weil jeder sich das aussuchen würde, was er am besten kann. Und ich glaube, keine Regierung kann sich

ausmalen, was das für die Wirtschaft bedeuten könnte.

Wie sieht denn die Realität aus?
Es gibt doch immer jemanden, der sagt: Nein, so geht das nicht.

Das wirkt so hinderlich, weil du wieder etwas beweisen musst. Du hast eine Idee, folgst deinem Gefühl, da fühlt sich etwas gut an, und dann wirst du ausgebremst.
Manchmal schon in der Familie, denn da gibt es auch immer jemanden, der sich einbildet, er weiß es besser als du. Stell dir mal vor, was du vorhast, würde gelingen. Oh, oh, welche Blamage für denjenigen, der erst gar nichts versucht hat. Nein, das kann derjenige nicht zulassen. Dabei kann er doch gern eine andere Auffassung haben als du, oder? Soll er dir doch auch deine lassen.

Spätestens bei einer Behörde wirst du ausgebremst, spätestens dort gibt es jemanden, der sagt: Nein, so nicht. Wenn du dann noch fragst: Was ist verkehrt? Dann sagt der- oder diejenige prompt: Ich habe meine Vorschriften.
Nicht wirklich nachvollziehbar, oder? Dürfen diese Menschen gar keine eigenen Ambitionen mehr haben? Traut ihnen ihr Arbeitgeber nicht zu, ihrer Qualifikation entsprechend zu entscheiden *und* ihrem Gefühl zu vertrauen? Das sind alles erwachsene Menschen! Worin besteht die Schwierigkeit?

Merkst du, wie von der Gesellschaft die Gefühle unterdrückt werden? Alles soll mit dem Verstand bearbeitet werden.

Dabei wird der Verstand doch mit dem gefüttert, was andere

wieder entscheiden, was richtig sein soll... Kein Verstand würde sich an irgendwelche Vorschriften halten, das ist gar nicht für ihn vorgesehen. Er will Macht! Alle Entscheidungen mit dem Verstand sind verdeckte Machtkämpfe.

Er sagt: »*Ich habe die Macht. Du willst was von mir? Ich sitze am längeren Hebel. Du hast gefälligst das zu machen, was ich sage.*« Wenn der Verstand nicht mehr weiter weiß, fragt er: *Wo steht das? Gibt es Beweise?* Du kannst Beweise liefern, so viele du willst, sie werden dem Verstand nicht genügen.

Warum nicht einfach dem Gefühl folgen? Lassen wir doch dem anderen seine Erfahrungen! Wenn es nicht funktioniert, werden wir schon einen anderen Weg wählen!

Was bedeutet denn Freiheit? Frei zu entscheiden! Was dürfen wir denn noch frei entscheiden? Ja, ich weiß, wohin wir in Urlaub fliegen! Toll, oder?

Erwachsene Menschen bekommen Kinder, sorgen für sie, und selber werden sie wie Kinder behandelt. Überall haben wir Vorschriften zu beachten, Papierkram zu erledigen, müssen uns rechtfertigen.

Liebe Regierungen, liebe Religionen, geht es nicht auch anders?

Haben wir uns nicht alle vor uns selbst zu verantworten, was wir machen und was wir sein lassen? Sicher, wir brauchen Menschen, an denen wir uns orientieren können! Nur, wo sind denn diese? Sie werden eingebunden, verpflichtet, für eine Partei oder eine Religion, und wieder geht es um Macht. Was sollen diese Spielchen? Haben wir keine anderen Möglichkeiten, die Menschen zu beschäftigen und das Geld unter die Leute zu bringen?

Ist nicht ein Politiker einer bestimmten Partei genauso viel wert wie ein anderer aus einer anderen Partei? Das sind doch alles nur Menschen. Es gibt kein Besser und kein Schlechter, es gibt kein Richtig und kein Falsch. Es gibt einfach nur ein Anders-Sein. Steht doch mal dazu! Traut euch doch mal, anders zu sein. Ist die Zeit nicht schon lange reif, auch da Veränderungen herbeizuführen? Wovor habt ihr Angst? Denkt ihr wirklich noch, wer das Geld hat, regiert die Welt?

Es ist unsere Entscheidung, ob wir das Geld regieren lassen oder die Liebe. Die Liebe zu den Menschen, zu den Tieren und zu Mutter Erde.
Die Liebe gab es schon, als noch niemand vom Geld gesprochen hat. Und die Liebe wird es immer geben, auch wenn das Geld zu Ende geht. Monat für Monat, Jahr für Jahr.

Die Liebe nährt uns und trägt uns, nicht das Geld. Das Geld ist eine Energie wie jede andere. Wir wollen ihr mit Respekt begegnen, sie mit gesundem Menschenverstand verwalten und sie in Harmonie ausgleichen.

Geld ist nur *eine* Lebenserfahrung von vielen. Welche Bedeutung wir dieser zukommen lassen, liegt ganz allein an uns.

Gott, wie wir ihn auch immer nennen, ist alles, was ist.
Die Liebe ist alles, was ist, weil die Liebe Gottes Essenz ist.

Das Leben ist alles, was ist, weil das Leben Gottes Essenz ist.

Jetzt entscheide selbst!
Ist Geld auch alles, was ist, für dich?

Erkennst du die Größe der Liebe und des Lebens und den kleinen Stellenwert des Geldes?
Befreie dich auch aus dieser Abhängigkeit!

Warum wollen wir nicht alle ein Stück zusammenrücken, etwas abgeben, den Reichtum verteilen auf dieser Welt? Brauchen wir überhaupt Ländergrenzen und in jedem Land eigene Regierungen? Leben nicht sowieso in jedem Land andere Nationalitäten? Ich dachte: *Wir sind Europa!*
Ich sage euch: *Wir sind die Welt!*

Was wäre das für eine Welt ohne all diesen Trennungen? Alle Menschen könnten doch dieselbe Sprache sprechen, könnten sich leichter verständigen! Wir hätten einen Präsidenten, reicht der nicht? Ist er nicht schon da? Der erste Präsident der ganzen Welt, der Schwarz und Weiß vereint hat?
Stellt euch vor, es würde einen Vertreter für jeden Kontinent geben. Der wiederum hat in jedem »ehemaligen« Land einen Beauftragten.
Stellt euch mal vor, was das allein für Deutschland bewirken würde. Keine Bayern mehr, keine Ossis mehr, keine Türken mehr, wir wären alle gleich! Niemand braucht sich mehr als besser oder schlechter vorzukommen. Dann stehen wir wirklich alle auf der gleichen Stufe.

Jetzt gehe ich mal noch einen Schritt weiter. Stellt euch vor, es gibt kein Geld mehr. Jeder nimmt sich nur noch das, was er braucht. Jeder lebt im vollen Bewusstsein seiner Seele, weiß, dass alles, was er selber tut, letztendlich mit ihm getan wird. Wäre das nicht eine Möglichkeit zur Selbstdisziplin?

Oder in den Religionen. Sicher werden über die Religionen die Kulturen am Leben erhalten, und das ist auch gut so. Nur: Wer sagt denn, dass ein katholischer Gott mehr wert ist als ein evangelischer? Ich sage euch, Gott ist es völlig egal, wie er genannt wird, Buddha, Allah, Gott... Warum trennen wir Gott von sich und von uns? Warum suchen wir ihn im Außen? Ist es nicht auch da an der Zeit für Veränderungen?

Gott möchte, dass wir uns bewusst werden, dass er *in* uns ist. Er ist der Gott in dir, der Buddha in dir, der Allah in dir...!

Merkt ihr, warum die Menschen das ablehnen? Fühlt euch mal rein! Spürst du den Gott in dir, egal, wie du ihn nennst? Wow..., das ist erhebend, oder!?

Ich sage dir, das ist der Weg in die Eigenverantwortung. Kannst du wirklich alles noch so tun wie bisher mit dem Bewusstsein, dass Gott in dir ist, dass du Gott bist? Wenn alles, was ist, Gott ist, bist du es auch.

Fühle dich doch mal hinein, dass du Gott bist. Glaubst du jetzt wirklich noch, dass du zu irgendwelchen Machtspielen fähig wärst in diesem Bewusstsein? Ich glaube es kaum, weil ja jeder seinen Gott in sich trägt, wir gehen einfach achtsamer mit unserem Gegenüber um, weil auch durch ihn Gott lebt. Wir sind alle göttlich. Jeder einzelne und jeder Gott in uns ist genauso viel wert wie der Gott in jemand anderem, egal in welcher Religion.

Selbst die Menschen wie ich, die gar keiner Religion angehören, weil sie sich in keine Schublade stecken lassen, sind Gott, welchen sie sich auch immer vorstellen können.

Gott ist das Bewusstsein, das jeder Mensch in sich trägt. Da jeder Mensch ein Bewusstsein hat, hat auch jeder seine persönliche Anbindung an Gott.

Geben wir doch unseren menschlichen Egoismus auf und werden uns des göttlichen Egos bewusst.
Beginnen wir doch endlich zum Wohle aller zu denken, zu fühlen und auch zu handeln.

Geben wir doch unsere Besitzansprüche auf! Mein Haus, mein Auto, mein Staubsauger...
Brauchen wir wirklich alle ein eigenes Auto? Können wir nicht auch abwechselnd das Auto benutzen? Warum richten wir keine Vermittlung in der Straße ein?

Oder einen Plan für den Staubsauger. Der steht eh die meiste Zeit rum. Drei Wohnparteien auf einem Flur, ein Staubsauger. Wer ihn hat, klebt einen farbigen Punkt auf die Klingel, und wer ihn braucht, meldet sich. So würden wir unsere Nachbarn auch ab und zu mal sehen und ein paar Worte miteinander reden.

Ich glaube, da gäbe es sehr, sehr viele Möglichkeiten, uns selbst mehr zur Verfügung zu stellen und den anderen auch. Wenn es aber keiner für möglich hält, wird niemand damit beginnen.

Deshalb habe ich dieses Buch geschrieben. Ich möchte jeden animieren, sich Gedanken zu machen, was wir bewusst verändern können.
Indem ich euch in ein anderes Bewusstsein geführt habe, steht euch die Tür offen für andere Wege. Tretet ein und seid dabei.

Meine Gedanken, meine Visionen sollen Gedankenanstöße sein. Ich möchte, dass sich wirklich jeder Einzelne Gedanken macht, wie er leben möchte. Fragt euch: *Was will ich? Wie will ich leben? In was für einer Welt will ich leben? Was bin ich bereit dafür zu tun?*

Dann ist mein Ziel erreicht! Dieses Buch ist mein Beitrag zum Gelingen einer anderen, einer friedlicheren Welt. Mein Herz steht offen für alle Menschen, die es ehrlich meinen, die aufrichtig sind und sich über ihre eigenen Werte Gedanken gemacht haben. Ich bin auch gern bereit, anderen bei ihrer Selbstfindung zu helfen.

In erster Linie musst du dir jetzt darüber klar werden, was *du* willst, was *du* beitragen möchtest. Nimm dir die Zeit, mache dir die Mühe und gehe ins bewusste Sein. Alles, was du denkst, was du sagst und was du tust, wird sein.

Wir werden es alle zu spüren bekommen.

Platz für all deine Vorhaben zum Wohle aller:

Leitfaden für deinen Beitrag

Dieser Leitfaden wird dich begleiten auf deinem Weg, wenn du es möchtest. Überprüfe von Zeit zu Zeit, ob du noch auf deinem Weg bist, ob du deinen Werten noch treu geblieben bist.

Dieser Leitfaden gibt dir Halt und legt gleichzeitig Rechenschaft ab. Er zeigt auf, was du schon integriert hast und was dir noch fehlt.

Ergänze deinen Leitfaden ganz nach Belieben. Richte ihn aus auf dein Wohl und auf das Wohl aller.

Definiere für dich:
Wie will *ich* leben? Was entspricht *meinen* Werten? Lebe ich meinen Wert? Bin ich mir selbst treu?

Alle Wörter, die mit Selbst... beginnen, sind deine. So wie du sie definierst, definierst du dich selbst.

Schau auf dich! Lass die anderen so sein, wie sie sind.

Verändere etwas an dir, wenn dir etwas nicht gefällt.

Fertige dir eine Vokabelliste an mit deinen Werten. Ergänze sie immer wieder neu.

Ich gebe dir gern Beispiele aus meinem Leitfaden und dann suche dir bitte deine eigenen Werte. Selbst über meine Werte kannst du dich neu definieren.

Was bedeutet für dich Freiheit?

Was verbindest du mit Gelassenheit?

Was beinhaltet deine Lebensfreude?

Mach es ganz einfach! Es wird eine Kettenreaktion und auf einmal wird dir ganz klar, wer du bist, wie du bist.

Los geht's...

Selbstliebe	-	Glückseligkeit und Lebensfreude
Selbstachtung	-	Achtsamkeit und Handlungsvermögen
Selbstbildung	-	Eigenverantwortung und Veränderung
Selbstdisziplin	-	Balance zwischen Herz und Verstand
Selbständigkeit	-	Freiheit und Unabhängigkeit
Selbstvertrauen	-	Ehrlichkeit und Aufrichtigkeit
Selbstwertgefühl	-	Authentizität und Wahrhaftigkeit
Selbstbestimmung	-	Ruhe und Gelassenheit

. . . .
. . . .
. . . .
. . . .
. . . .
. . . .
. . . .
. . . .
. . . .
. . . .

Hier hast du genügend Platz, dich selbst zu definieren:

Abschlussmeditation zur Selbstheilung

Mit himmlischer Anbindung und irdischer Verankerung das Leben meistern

Mein Dank gilt an dieser Stelle meiner lieben Schwester Rita, von der ich den Kern dieses Segens empfangen durfte.

Ich wähle diese Meditation, die dich mit Mutter Erde verbinden wird und mit deinem ursprünglichen Sein. So wirst du fest verankert werden hier auf Erden und auch fest verankert in deinem lichtvollen Sein. So kann das Licht durch dich hindurch fließen, das ist das Leben.

Meditiere bitte im Sitzen.

Wähle deinen Lieblingsplatz.

Zieh dich ein wenig wärmer an als gewohnt, sodass es dir richtig gut geht.

Du tust etwas für dich, nimm dir die Zeit dafür.

Zieh die Schuhe aus und stelle beide Füße fest auf den Boden.

Lege deine Hände geöffnet wie ein Schüsselchen auf deine Oberschenkel ab.

Schließe die Augen und lass alles los, was dich eben noch beschäftigt hat.

Atme alles runter zu den Füßen und lass es einfließen in Mutter Erde. Gib es ihr ab, alles.

Und nun sprich die Worte:

Geliebte Mutter Erde,
ich sende dir heute meine Energie auf deinem wundervollen Planeten
Erde.
Ich tauche ein in den rosafarbenen See der Barmherzigkeit und Güte.
Ich öffne mein Herz und lasse mich auffüllen mit allem, was ist.
Ich tauche noch tiefer, tauche bis auf den Grund und verankere mich
in den Kristallen dieser Erde.
Ich bitte dich, geliebte Mutter Erde, alles in mir zu transformieren,
was noch nicht Licht und Liebe ist.
Danke, danke, danke.
Elixier, Elixier, Elixier.
Sou ham.

Jetzt lass alles geschehen, was geschehen möchte.
Lass alle Schwierigkeiten über deine linke Körperhälfte hinunter zu deinem linken Fuß fließen und über den linken Fuß hinab in die Erde und lass gleichzeitig alles in deinen rechten Fuß wieder einfließen, hochfließen, was Mutter Erde für dich transformiert hat.
Nimm dir bitte die Zeit, die es benötigt, und lass es geschehen.
Bleibe ganz bei dir und genieße diesen Moment.

Dann sprichst du weiter:

Geliebter Melikmetatron und Shakti,
ich sende dir jetzt meine Energie nach ganz weit oben, hinauf zu mei-
nem ursprünglichen Sein.
Ich tauche ein in dieses Licht und gehe auf in diesem Licht, ich öffne
mein Herz für dieses Licht.
Ich bitte dich, alles in mir zu transformieren, was noch nicht Licht
und Liebe ist. Ich bin bereit, mich auffüllen zu lassen mit allem, was
zu mir kommt, in Liebe und in Dankbarkeit.
Danke, danke, danke.
Elixier, Elixier, Elixier.
Sou ham.

Jetzt lass alles einfließen in dich, alles Licht und alle Liebe. Sie
fließt durch dich in Mutter Erde hinein, durch deine linke Körperhälfte. Und alles Licht und alle Liebe, die dir Mutter Erde
zur Verfügung stellt, fließt durch deine rechte Körperhälfte
hinauf zu deinem ursprünglichen Sein, durch dich hindurch.

Durch deinen Atem kannst du die Energie führen und spüren.
Beim Ausatmen fließen das Licht und die Liebe des Universums durch dich hindurch hinunter zu Mutter Erde. Beim Einatmen nimmst du das Licht und die Liebe von Mutter Erde
in dich auf und lässt es durch dich fließen, durch deine rechte
Körperhälfte, und führst sie hinauf in das himmlische Licht,
deinen lichtvollen Ursprung. Da, wo du herkommst, und da,
wo du wieder hingehen wirst. In Liebe und in Dankbarkeit.

Wenn du nun aufgefüllt mit allem Licht und aller Liebe bist, stimme dich ein auf deine Glückseligkeit und sprich folgende Worte:

Geliebte Mutter Erde,
ich spreche dich an mit den Worten Donath Shedas Schedass,
ja, geliebte Mutter Erde, ich meine dich ganz persönlich.
Ich sende dir heute meine heilende Energie auf deinen wundervollen
blauen Planeten und ich danke dir von ganzem Herzen, dass du mich
trägst, dass du mich nährst, dass du mich deine Geborgenheit spüren
lässt und für mich sorgst, jeden Tag.
Ich danke dir für ...

(Hier kannst du all deine Wünsche so formulieren, als wenn sie schon erfüllt sind, bedanke dich einfach schon im Voraus. Bedanke dich für alles, was schon schön ist in deinem Leben oder dir gerade Schönes widerfahren ist.)
Und dann schließe ab mit den Worten: *Ich danke dir!*

Bleib noch einen Moment ganz bei dir, genieße die Ruhe und die Stille in dir, deinen inneren Frieden.

Du hast dir selbst und auch Mutter Erde gerade einen großen Dienst erwiesen. Du hast durch dich das Licht auf die Erde gebracht.
Du hast gerade selbst dazu beigetragen, die Schwingungen der Erde zu erhöhen, diesen wundervollen blauen Planeten zu heilen, und erfährst in diesem Moment gerade selbst eine Heilung.

Die Tränen, die fließen, sind Gottes Segen. Du hast gerade Gottes Segen empfangen.

Du hast den Himmel auf die Erde gebracht.

Es gibt nichts Himmlischeres als das irdische Dasein.

Freue dich einfach, dass du dabei bist, und mache es dir so schön, wie du es dir vorstellen kannst.

Jetzt bist du selbst verbunden mit deinem himmlischen Ursprung, und du bist irdisch verankert.

Jetzt fließt das Leben neu durch dich.

Ich wünsche dir eine göttliche Zukunft im Bewusstsein deiner Seele.

Ich danke dir von ganzem Herzen dafür, dass ich dich ein Stück deines Weges begleiten durfte.

In Liebe und Dankbarkeit
deine Susanne Flick

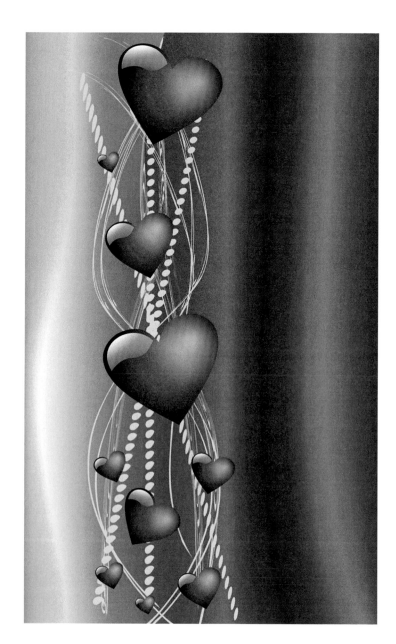

Bildernachweis

Alle Bilder von www.fotolia.de (außer Rückseite Umschlag Bild Susanne Flick)

Titel   3D Motive gemalt © Sunnydays #26686283
        布のドレープ © Paylessimages #17323718

6   White silk with a heart © Marina Lohrbach #13156249
        white satin © Wayne Abraham #2739147
8   victorian frame © Jut #11101549
10   Christkind © Brischnik #16950826
        布のドレープ © Paylessimages #17323718
12   Blumenhintergrund,Lilie weiß © Swetlana Wall #12366473
16   Liebe © Corrie #7830169
18   Good Or Evil ? © Scott Maxwell #6928112
        布のドレープ © Paylessimages #17323718
26   gold and silver hearts © emjay smith #26961647
32   Nature Natur © Lulu Berlu #10282924
38   Sunny Meadow landscape of vector illustration layered. © Keo #10257269
40   Bright diadem © Leysan #25521858
        布のドレープ © Paylessimages #17323718
46   Balance Heart And Mind © Scott Maxwell #5603497
        布のドレープ © Paylessimages #17323718
52   yin-yang 5 © Jean-Paul Bounine #2161168
        background © Lorelyn Medina #1159613
62   Rose In Love Shape © J. Y. #5370841
        布のドレープ © Paylessimages #17323718
70   pink heart © Lydia Albersmann #1450824
78   heart with pink flower © Chisnikov #27451994
        white satin © Wayne Abraham #2739147
80   madonna maria 04 © kryczka_d #2588395
86   treasure chest with star dust © senoldo #18990758
92   Rose Quarz © BurnedFlowers #18538800
        布のドレープ © Paylessimages #17323718
100   Einhorn © s-girly #20334340S.
106   Rosen Kitsch © Manuela Heins #13620198
        white satin © Wayne Abraham #2739147
117   3d herzen © Sebastian Kaulitzki #3836383
        prairie paquerette bouton d'or soleil © Lulu Berlu #3211573
120   Butterfly heart © kolja #6431063
        meu mundo 57 © Mvcabral #3303323
122   Baby cupid with angel wings © liliya kulianionak #11378537
136   dove of peace near globe © alfaolga #20718906
        white satin © Wayne Abraham #2739147
150   Weihnachtsengel © micoud78 #10670490
        abstract background for design © utemov #5811034
154   Angel touching star © Photosani #13425213
        bergkristall gruppe © Oswald Kunstmann #2170081
        stairs in sky © Lilya #21209949
160   Herzen © Thomas Leonhardy #25910622

15, 25, 31, 37, 45, 51, 61, 77, 85, 91, 99, 104, 111, 118, 134, 159
        floral heart © mei #6498876

Rückseite Umschlag – Fleur de lotus © Frog 974 #9135216
        布のドレープ © Paylessimages #17323718
        Susanne Flick © Susanne Flick